학민글밭 · 74

남미가 확 보인다

남미가 확 보인다

희망의 대륙을 절망의 대지로
만든 남미병 실체 벗기기

이미숙·김원호 지음

학민사

책을 펴내며
| 남미로의 여정 |

1

남미는 지리적으로 한국과 가장 먼 곳에 있지만 많은 사람들은 막연하나마 해방신학, 종속이론, 군사독재와 인권 탄압, 삼바 축제와 정열적인 사람들, 축구 등 남미와 관련된 것들에 대해 동경을 갖고 있다.

그러나 남미는 더 이상 머릿속의 대륙이 아니다. 외환위기로 국제통화기금(IMF) 지원을 받는 사태를 경험한 뒤 우리 사회에는 정치·경제·사회적으로 남미 국가들과 유사한 현상이 많이 나타나고 있기 때문이다.

지구 반대편에 있고, 역사적 문화적으로 상이한 토대에 있음에도 불구하고 전지구적 차원의 세계화가 진행되는 오늘날의 현실 속에서 남미는 우리에게 많은 것을 말해주고 있는 셈이다. 어느 날 갑자기 우리에게 가깝고도 중요한 나라들이 되어 버린 듯하다. 실제로 한국과 중남미간의 교역액을 보더라도 그러한 측면이 강해지고 있다. 2000년 한 해 동안 우리나라의 중남미 지역 수출액은 93억 6천만 달러이고, 수입액은 32억 6천만 달러. 중남미 지역에 자동차와 가전제품 등을 수출해 61억 달러의 무역흑자를 기록한 것이다.

이 책은 이러한 인식 위에서 탄생했다. 직접적으로는 2001년 1, 2

월 두 달 동안 「문화일보」에 연재된 신년 기획기사를 확대 보완한 것이다. 남미 취재과정에서 보고 느낀 것, 그리고 무엇보다 남미에서 만난 사람들의 육성을 그대로 전달하는 게 오늘날 남미가 갖고 있는 문제는 물론 우리 사회가 갖고 있는 남미증후군을 가장 구체적으로 확인할 수 있다고 판단했다.

남미에서 만난 사람들은 체 게바라주의자 대학생에서부터 시민운동가, 노조지도자, 정치학자, 경제학자, 언론인, 대통령이 된 야당 지도자에 이르기까지 다양하다. 이들은 자신의 관점에서 오늘날 남미 각국이 가진 문제를 분석하고 그 대안을 제시하고 있다.

「문화일보」에서 남미기획을 하게 된 사연은 이러하다. 2000년 초 겨울 우리나라 경제가 또다시 어려움을 맞게 되자 전사회적으로 다시 외환위기를 맞는 게 아니냐는 위기의식이 확산됐다. 우리나라가 아르헨티나와 같은 위기다발형 사회로 가는 게 아니냐는 지적이 많이 나왔다.

이같은 위기에 대한 논의는 2000년 초겨울로 끝난 게 아니라 2001년 여름 아르헨티나가 채무지급 불능(디폴트) 상태에 빠지면서 다시 반복됐고, 2002년 우리나라의 대통령선거를 앞두고 다시 정치권에서 반복적으로 재생산될 조짐이 있다.

이 기획은 과연 우리 사회에 남미증후군이 있는지, 있다면 어떻게 극복해야 하는지 남미병의 본산인 남미 각국에 가서 직접 확인하고 대안을 마련하자는 취지에서 마련된 것이다.

에필로그와 프롤로그, 아르헨티나와 페루, 칠레는 이미숙 기자가, 브라질과 베네수엘라, 멕시코는 대외경제연구원 중남미 전문 연구가인 김원호 박사가 맡았다. 김원호 박사는 특히 미국 노스캐롤리나 주립대 교환교수로 재직하면서 현지를 방문, 이 글을 집필했다.

2

　이 기획은 필자가 오랫동안 꿈꾸워 오던 남미 취재계획을 실현하는 기회였다는 점에서도 의미가 깊다. 구체적으로 남미행을 계획했던 것은 99년 7월부터 한해 동안 뉴욕에서 생활하면서부터다.
　우리나라에서 남미까지는 비행시간만 꼭 22~23시간 걸리는 멀고먼 땅이지만, 뉴욕에서는 10시간 안팎이면 남미 어디든 갈 수 있었고, 왕복 비행기편은 미리 살 경우 3~4백 달러 수준이었다. 뉴욕 컬럼비아 대학교 앞의 학생전문여행사에서는 쇼윈도우에 늘 할인 왕복티켓 가격을 써붙여 놓았는데, 뉴욕-리마 399달러, 뉴욕-부에노스 아이레스 420달러 정도였다. 이 여행사 쇼윈도우를 보면서 남미는 언제든 마음만 먹으면 갈 수 있는 곳이라는 생각이 들었다.
　물론 남미에 가고 싶다는 생각을 갖게 된 것은 좀더 오래 전부터다. 80년대에는 종속이론과 해방신학, 좌파 게릴라의 땅이었으나, 90년대부터 미국식 신자유주의 바람을 가장 혹독하게 겪으며 정치경제가 혼미한 현실을 직접 보고 싶다는 생각을 했었다.
　뉴욕에 도착해 몇 달을 지내며 여행준비를 해보니 스페인어를 하지 못하기 때문에 단독여행은 불가능하다는 생각이 들었다. 그러다 저렴한 비용으로 문화와 역사를 탐사하는 남미 전문 여행클럽이 있다는 것을 알게 됐다.
　생각을 바꿔 전문 탐사단에 끼어 남미 각국을 보겠다는 생각을 구체화했다. 맨하탄 컬럼비아 대학 앞에 있는 여행사에서 남미여행 전문단체의 안내책자를 받아와 몇 달 동안 밤마다 여행 코스를 짜보는 즐거운 체험을 했다.
　남미대륙 맨 꼭대기에 위치한 콜롬비아에서 시작, 시계 반대 방향으로 에콰도르, 페루, 칠레, 아르헨티나, 브라질, 베네수엘라로 갈까, 아니면 남미의 종주국 브라질에서 시작, 아르헨티나, 칠레, 페루, 에콰도르로 갈까. 전문 답사단의 일원으로 남미 종단 여행을 하려면 최소한 1백일이 필요하지만, 아르헨티나, 칠레, 페루 등 서부지역 국가에 집중하면 30일에서 40일 정도, 동부지역의 베네주엘라에서 시작, 브라질, 아르헨티나에서 끝내려면 30일 정도가 소요됐다. 즐거운 가상여행은 몇 달 동안 계속됐다.

매주 말 소호 근처 헌책방에 가서 남미 각국의 역사와 문화를 담은 책을 사모았고, 컬럼비아 대학에서는 남미정치론과 남미 역사 강의도 들었다. 서울 외교통상부에서 북한을 담당하는 특수정책과장을 하다 뉴욕 유엔대표부에 근무하는 권태면 참사관은 80년대 칠레에서 연수를 하면서 버스로 종단한 남미 여행 경험을 들려주면서, 이 세상의 빛과 그늘을 이해하기 위해선 남미 체험이 필수적이라고 권하기도 했다.

3

다행히 컬럼비아 대학에는 남미에서 어학연수를 온 학생들이 많아 이들과 영어회화 연습도 할 겸 수업이 끝나면 커피를 마시며 몇 시간씩 대화를 나누곤 했다. 피아니스트를 꿈꾸는 칠레의 크리스티나, 디자이너가 되고 싶은 페루의 마르타, 현직 변호사인 브라질의 안나 등.

크리스티나의 경우는 조금 달랐지만 이들이 미국으로 건너온 이유는 대개 비슷했다. 영어를 배우고, 전공분야 학위를 갖고 모국으로 돌아가면 월급이 2~3배 뛴다는 것이다.

어느날 브라질에서 온 안나가 내게 말을 걸었다. 왜 영어를 공부하느냐는 게 그의 질문이었다. "내 직업이 신문기자이니 영어를 배우고 나면 외국 사람들 인터뷰도 자유롭게 할 수 있고, 무엇보다 영어권 사람들과 자유롭게 만날 수 있기 때문"이라고 했더니 머리를 갸우뚱했다.

그러면서 추가 질문을 던졌다. "영어를 잘하게 되면 월급이 오르지 않느냐"는 것이었다. 이런 질문을 받으니 이 친구가 어떤 대답을 원하는지 알게 됐다. 나는 "한국에서 신문기자들의 월급은 대개 경력에 따라 결정되지, 영어를 조금 잘한다고 해서 갑자기 월급이 두 세 배 뛰는 일은 없다"고 대답했다. 더 이해하지 못하겠다는 표정을 지었다.

그는 이렇게 얘기했다. "브라질에서는 영어를 할 줄 아느냐 여부에 따라 월급이 두 세배 차이나는 것은 물론이고, 미국의 학위가 있을 경우 서너 배까지 차이가 난다. 내가 영어를 배우는 이유는 월급을 많이 받기 위해서다."

안나는 브라질에서 법대를 졸업하고 5~6년 변호사 사무실에서 일한 뒤 98년 변호사인 남편이 컬럼비아 법률대학원에 유학을 결정하자 함께 뉴욕에 와서 영어 랭귀지 코스를 들으면서 법대 대학원 진학을 꿈꾸고 있다.

페루 리마에서 대학을 마친 후 뉴욕으로 온 마르타의 꿈은 실내 디자이너가 되는 것이다. 89년 뉴욕으로 온 뒤 10년간 델리 가게 등에서 일하면서 돈을 모아 99년 본격적으로 공부를 시작했다. 마르타와는 나이도 비슷해 어학수업이 끝난 후 자주 어울렸는데, 스페인어식으로 영어를 하는 탓에 우리의 대화는 종종 단절될 수밖에 없었다. 그의 꿈도 일류 실내 디자이너가 되는 것인데, 뉴욕에서 공부할 경우 영어도 자연스레 배우게 되니 일석이조라며 자랑을 했다.

실제 남미 각국에 가보면 영어를 할 줄 아는 사람들과 그렇지 못한 사람들간의 임금격차가 너댓 배 이상 난다. 남미 사람들이 느끼는 영어에 대한 스트레스가 어느 정도인지 짐작할 만하다.

주칠레 한국 대사관의 경우, 대사 비서로 영어회화 가능자를 채용하는데 평균 월급이 2천 달러 정도다. 아르헨티나 부에노스 아이레스의 국민은행 지점에서도 영어를 할 줄 아는 대졸자 월급이 대개 2천 달러 선이다. 영어를 할 줄 모르는 일반 대학 졸업생들은 일자리를 구하기 힘든 것은 물론이고, 일자리를 구한다고 해도 월급이 3~5백 달러 선이다.

남미 취재에서 느낀 것이지만, 남미의 상류층을 이루는 기업인, 변호사, 대학교수, 언론인, 정치인 등은 대개 미국유학 경험이 있고, 영어로 의사소통이 가능한 집단이다. 따라서 스페인어를 못해도 충분히 취재가 가능하다. 그러나 이들을 만나기까지의 과정, 예컨대 차를 타고, 거리를 헤매다 건물을 찾고, 건물 경비원을 통과해 이들과 마주앉게 되기까지의 과정에는 스페인어가 필요하다. 일반인들이 영어를 할 줄 모르기 때문이다.

뉴욕의 남미 친구들은 내가 남미 여행을 하려 한다는 계획을 밝히자 너무 놀랍다는 표정을 지었다. 가난하고, 지저분하고, 정치가 혼란하고, 경제도 엉망인 자신들의 나라에서 볼 게 뭐 있느냐는 표정이었다. 당시 나는 애국심이라고는 조금도 없어 보이는 이들의 말투에서 '애들이 정말 남미에서 온 사람들인가' 하는 의구심이 들기도 했다. 이같은 의문은 그후 남미 취재를 하면서 자연히 풀렸지만 말이다.

남미 사람들에게 국민통합, 애국심이라는 말은 참으로 생소한 개넘이었다. 우리나라의 경우 반만 년을 함께 얼려 살아오면서 한 민족으로서의 연대감, 애국심같은 것이 자연스레 형성되어 외국에 나갔을 때, 그리고 외국인들과 만났을 때 우리나라에 대해 가급적 좋은 얘기를 하려는 마음이 자주 발동되는 데, 이들은 그렇지 않았다.

남미 사람들에게는 어떻게 보면 사회연대감, 애국심은 아주 낯선 개념이다. 16세기 스페인 사람들이 정복하면서 형성된 나라인 탓인지 백인과 원주민들간에는 넘을 수 없는 벽이 있고, 백인들도 가문에 따라, 경제적 지위에 따라 나뉘어 있다. 원주민 대부분은 사회로부터 아무런 혜택을 받지 못하는 사각지대에서 살고 있다.

이런 상황에서 백인과 원주민을 한데 묶는 연대감이나 애국심을 찾아보기 힘들다는 것이다.

뉴욕에서 만난 친구들도 그랬다. 그저 자기 가족, 가문에 대해서는 얘기를 해도, 자기 나라의 상황이나 자기와 피부색이 다른 사람들이나, 사회적 지위, 경제적 능력이 다른 사람들에 대한 연민이나 연대감은 조금도 찾아볼 수 없었다.

아르헨티나 주재 한국대사관의 박완수 공보관은 아르헨티나가 어려운 상황에 처할 수밖에 없는 이유에 대해 다음과 같이 설명했다.

"아르헨티나 사람들은 애국심이 없다. 아르헨티나는 19, 20세기 유럽의 스페인, 이탈리아 사람들이 돈벌러 온 땅이다. 따라서 연대의식이 없고, 나라를 잘 만들려는 의식도 없다. 서로 다른 사람, 민족들이 서로 다른 이유로 와서 잠시 사는 것이기 때문에 이 나라가 잘 돼야 자신의 가문이 빛나고 후손이 잘 된다는 의식이 없다. 이같은 관점에서 아르헨티나 사람들은 한국 사람들의 애국심을 부러워 한다."

4

뉴욕 생활을 통해 남미 친구들을 만나면서 많은 공을 들였지만 남미 여행은 결국 수포로 돌아갔다. 뉴욕 생활이 막바지에 다달으면서 처리해야 할 일이 많았고, 서울로 돌아갈 준비도 만만치 않았기 때문이다.

몇 달 동안 여행 코스를 짜며 가상여행의 즐거움을 맛보았지만, 현실 속에서 그 계획을 실현시키기는 쉽지 않았다. 몇 달의 모색 끝에 남은 것은 뉴욕을 떠나기 직전 실행한 페루 마추피추 1주일 여행이었다. '태산명동서일필' 격이었다.

99년 뉴욕에 도착했을 때부터 남미 여행 계획을 품었고, 만나는 사람들에게 늘 남미 여행계획을 얘기했고, 컬럼비아 대학에서 남미 정치론 강의까지 들었건만 결국 잉카의 유적을 1주일간 둘러보는 것으로 마무리지어야 했다.

2000년 7월, 서울로 돌아오고 난 뒤에도 남미 여행에 대한 동경은 있었지만 바쁜 일상 속에서 그저 접어두었다. 그리고 몇 달이 지났다.

11월 중순 어느날 이용식 정치부장으로부터 '남미로부터의 교훈'을 신년기획으로 할 생각이니 기획안을 올리라는 전화를 받았다. 단숨에 취재계획안을 완성, 제출했다. 1년에 걸쳐 도상연습을 해본 덕분인지 별로 어렵지 않았다.

제출한 취재계획안은 여러 차례 수정을 거쳐 결재가 났다. 남미병의 진원지처럼 여겨지는 아르헨티나와 페루, 칠레, 브라질, 베네주엘라, 멕시코 등 6개국이 최종 선정됐다. 이 가운데 정치사회적 측면의 취재가 필요한 아르헨티나, 페루, 칠레를 필자가 맡게 됐고, 나머지 3개국은 경제적 측면이 중요하다는 생각에서 여러 검토 끝에 대외경제정책연구원의 김원호 박사에게 부탁했다.

　남미에 가고 싶다는 꿈을 키운지 2년, 그리고 그 꿈을 접은 지 6개월만에 남미 현장으로 가게 된 것이다.

5

　남미로 가는 길은 멀었다. 12월 4일 저녁 8시 로스앤젤레스행 대한항공에 몸을 싣고 10시간, 다시 로스앤젤레스에서 아에로 아르헨티나를 타고 11시간 11분만에 부에노스 아이레스에 도착했다. 서울에서 부에노스 아이레스까지는 비행시간만 꼬박 22시간이 걸리는 멀고 먼 거리다. 떠날 때 서울은 한겨울이었으나 남미 각국은 우리나라 정반대편에 위치하는 나라답게 한여름이었다. 김포공항에 오를 때에는 모직 자켓을 입었지만, 부에노스 아이레스 공항에는 청바지에 반팔 티셔츠 차림으로 내렸다.

　부에노스 아이레스와 칠레의 산티아고, 페루의 리마를 분초를 아껴가며 돌아보았다. 세 나라에서 만난 사람들은 다양하다. 남미에 대한 수많은 논의가 있었지만 그 현장에서 살아가는 사람들이 자국의 문제에 대해 이처럼 털어놓은 경우는 없었다.

　이 사람들을 만나 직접 얘기를 들을 수 있었던 것은 참으로 큰 행운이었다. 이들은 그간 읽었던 남미 관련 책에서보다 훨씬 명쾌하게 자신들의 문제를 지적했고, 그 대안에 대해 몇 시간에 걸쳐 얘기했다.

　취재를 마치고 신문에 기획 연재를 시작하자 많은 분들로부터 분에 넘치는 인사를 받았다. 남미에 관한 정보라곤 여행안내 책자나 몇몇 정치·사회 전문서들뿐인 우리 현실에서 남미의 현 상황을 이해하는데 적지 않은 도움을 주었다는 평가를 받았다.

이에 신문 연재가 갖는 여러 한계를 극복하고, 또 신문 연재에 담지 못했던 현지 취재의 버리기 아까운 뒷 이야기들을 추가하여 책으로 엮었다. 평소 신자유주의시대 남미가 처한 현실, 남미 대륙에서 살아가는 사람들의 생각을 이해하는 책을 내보자 생각했던 학민사 김학민 사장님의 배려로 이렇게 단행본으로 내게 된 것이다.

남미 취재 기획을 가능하게 한 「문화일보」 김진현 전회장과 최희조 편집국장, 그리고 이 취재의 총괄 데스크였던 이용식 정치부장께 감사드린다.

특히 남미 취재는 필자가 외교통상부를 출입하는 기자였기 때문에 가능했음도 밝혀두고 싶다. 바쁜 일정 속에서도 이 기획에 큰 관심을 갖고 도움을 주신 외교통상부의 반기문 전차관, 정진호 중남미국장, 강성주 중남미 지역협력과장, 추종연 중미과장, 이남수 전 공보관, 그리고 현지에서 각계 전문가들을 만날 수 있도록 배려해 주신 주아르헨티나 김승영 대사와 박완수 공보관, 주칠레 조용하 대사와 오한구 서기관, 주페루 박희주 대사와 박선태 서기관께 고마운 마음을 전하고 싶다.

또 취재에 앞서 따뜻한 조언의 말씀을 해주신 페르난도 슈미트 주한 칠레 대사와 한·칠레 교류사업에 많은 관심을 기울이고 있는 이건산업 박영주 회장의 도움과 관심도 잊을 수 없다.

2001년 8월
이 미 숙

차 례

- 책을 펴내며 | 5
- 프롤로그 | 한국병 진단의 타산지석 | 19

아르헨티나
만성 남미병의 진원지

아르헨티나 병의 근원 25
    인터뷰   언론인 마르셀로 칸델미 / 29

분열되는 사회, 해체되는 국가 37
    인터뷰   역사학자 하이메 실베르트 / 42

영원한 퍼스트 레이디 에바 페론 47
    인터뷰   사회운동가를 꿈꾸는 기세르미나 브라브다 / 51
    인터뷰   대학생 엠마누엘 비달 / 54

외국기업 등돌리게 하는 아르헨티나 부패 56
    인터뷰   죄익정당 지지자 크리스티앙 / 59
    인터뷰   체 게바라주의자 레안드로 벨라스코 / 61

외국 금융기관의 천국 부에노스 아이레스 63
    인터뷰   야당 정치인 루이스 루베오 / 65
    인터뷰   여당 정치인 마르셀 스튜브린 / 68

미래에 대한 불안, 동요하는 사회 70

브라질

남미병의 냉탕과 온탕

남미병의 전형 ………………………………………… 77
악운의 연속 …………………………………………… 81
   인터뷰 상파울루대 정치학 교수 마리아 킨주 / 83
종속이론가 카르도수의 정치적 리더쉽 …………… 85
'뜨거운 감자' 내각제와 대통령중임제 …………… 88
   인터뷰 경제학 교수 안토니우 페나 / 90
50년의 구태 벗기 …………………………………… 92
집권 노리는 노동당 ………………………………… 96
   인터뷰 노동운동가 주앙 바카리 네투 / 98

칠레

남미답지 않은 남미 국가

부정부패가 적은 칠레 ……………………………… 103
   인터뷰 정치학자 알프레드 레렌 / 107
   인터뷰 경제학자 아발로 바르돈 / 114
새롭게 살아나는 아옌데 신화 …………………… 119
   인터뷰 학생운동가 출신 돈 카를로스 / 125
사라지지 않는 피노체트 망령 …………………… 128
   인터뷰 피노체트 측근 페르난도 토레스 / 133
가난에서 탈출하게 된 '힘' ………………………… 137
   인터뷰 변호사 만프레드 빌헴미 / 142

<blockquote>인터뷰 정치인이 된 해직교수 카를로스 몬테스 / 145</blockquote>

한국산 전자제품의 인기 150
<blockquote>인터뷰 전 대통령비서실장 에두가르도 베닝거 / 154</blockquote>

개발 독재 청산의 어려움 157

베네수엘라
스페인병 증후군의 남미병

스페인병 증후군의 남미병 163

1989년 IMF시대의 정국 168
<blockquote>인터뷰 언론인 마리오 테페리노 라벤 / 170</blockquote>

정부와 공직자에 대한 불신 172

차베스 대통령의 주말 라디오 토론 176
<blockquote>인터뷰 이에사 경영대학원 소장 자넷 켈리 / 178</blockquote>

차베스 정권의 앞날 181

'쿠바식 교육' 도입의 바람 185
<blockquote>인터뷰 집권당 간부 알프레도 콜메나레스 랑헬 / 187</blockquote>

페루
준비되지 않은 대통령의 비극

허약한 정당구조, 인기영합주의 대통령 191
<blockquote>인터뷰 첫 원주민 출신 대통령 알레한드로 톨레도 / 196</blockquote>

준비되지 않은 대통령의 비극 203
<blockquote>인터뷰 보수주의 지식인 프란시스코 미로 케사다 / 207</blockquote>

인터뷰 　법무장관 디에고 가르시아 사이안 / 210

무장된 사회, 무장된 평화 ··············· 213
　　인터뷰 　시민운동가 에르네스토 델라 하라 / 216
　　인터뷰 　노조 지도자 호세 루이스 리스코 / 220

교통지옥 리마 ·························· 223
　　인터뷰 　언론인 리카르도 우세다 / 225

지도층이 무능하면 한 세대가 불행해진다 ········ 228
　　인터뷰 　한국 모델 연구하는 로베르토 가마라 / 232

멕시코
미국의 뒷마당

정치고질병을 치유한 내력 ···················· 241

폭스 대통령의 국정 스타일 ··················· 245
　　인터뷰 　집권당 간부
　　　　　　카를로스 살라사르 디에스 데 솔라노 / 247

세계 경제 조류와 멕시코 경제 ················ 249

살리나스 전 대통령의 자서전 논란 ·············· 253
　　인터뷰 　국제상공회의소 간부 에시카 곤살레스 / 255

멕시코 정부 개혁의 허실 ···················· 257

정권 말기의 보너스 파티 ···················· 261
　　인터뷰 　노동자연맹 총재
　　　　　　레오나르도 로드리게스 알카이네 / 263

□ 에필로그 | 한국병 치료의 반면교사 | 267

프롤로그

한국병 진단의 타산지석

1

　국가경제가 위기에 처해도 이를 극복할 비전을 제시하기보다 현상적 대응책만을 앞세우며 인기주의에 영합하는 국가 지도자, 국익보다 당리당략을 앞세우는 정치인들, 집단이기주의에 빠져있는 기업인과 노동자들이 불협화음 속에서 하루하루 절망적으로 살아가는 나라. 새천년의 둘째해를 맞는 남미 각국들의 자화상이다.
　20세기 중반 세계의 곡물과 육류 수출을 주도하며 세계 5대 강국에 꼽혔던 아르헨티나, 광대한 농경지와 지하자원을 지닌 브라질, 구리와 석유 등 엄청난 자원을 보유한 페루와 베네주엘라 등 남미 국가들은 천연자원이 풍부함에도 불구하고 지도자의 비전없는 국가 운영으로 인해 도약의 기회를 상실, 경제는 만성질환에 빠져 있고, 정치 또한 불안정의 연속이다.
　이들 국가들이 '정치·경제·사회의 만성적 위기증상'으로 요약되는 남미병에 시달리고 있는 이유는 간단하다. 장기적인 안목의 국가전략보다는 당장 국민들의 입맛에 맞는 인기영합주의에 빠져 있는 지도자, 국가 위기에 대한 인식보다 당리당략에 골몰해 있는 정치인, 기업가 정신보다는 눈 앞의 이익만을 생각하는 기업인, 집단이기주의에 빠져있는 노동자들 때문이다.

현장에서 확인한 새천년 남미의 자화상은 '더 이상 나빠질 게 없다'는 무력감과 자포자기 바로 그것이었다.

85년 이후 두 번째로 국제통화기금(IMF)의 지원으로 겨우 위기를 넘긴 아르헨티나나 1998년 이후 2차 위기를 모면한 브라질의 경우 경제 및 금융위기가 근절되지 않고 반복되는 것은 이같은 이유 때문이다.

아르헨티나 유력 일간지 「클라린」의 국제부장인 마르셀로 칸델미는 "들라루아 대통령이 부패한 정치인과 기업인들에게 휘둘리며 일관된 경제정책을 실천하지 못하는 게 위기의 원인"이라면서 "정치인들이 당리당략에서 벗어나지 않는 한 아르헨티나의 미래는 없다"고 지적했다.

부에노스 아이레스 대학에서 만난 여대생 기세르미나 브라르다는 "지도자들의 인기영합주의적 정책이 나라를 절망적 국면으로 이끌었다"면서 "국가는 젊은이들에게 이민을 가든지 아니면 그저 침묵하며 살 것인지를 강요하고 있다"고 말했다.

알베르토 후지모리 대통령의 급작스런 망명 이후 전환기를 맞은 페루 또한 위기적 징후는 마찬가지다. 후지모리 대통령은 집권 당시 민생 위주의 경제정책 등을 펼쳤으나 장기적인 개발전략과 부정부패로 인해 실정할 수밖에 없었고, 경제는 위기 국면으로 치닫게 됐다.

페루 최고 권위지 「엘 코메르시오」의 리카르도 우세다 탐사보도 팀장은 "후지모리에게는 장기적인 경제정책이 없었고, 그 전임자인 알란 가르시아 대통령(1985~90 재임)도 경제정책이 수준 이하였다"고 지적했다.

2

　우리나라에도 남미증후군이 독버섯처럼 번지고 있다. 장기적인 비전과 전략을 갖고 나라를 이끌려는 의지보다 하루하루의 인기에 영합하려는 지도자, 당리당략에 발이 묶여 꼼짝도 않는 정치인, 자본도피에 열중인 기업가들, 집단이기주의에 빠져 있는 각 이익집단의 움직임 속에서 국가는 방향을 잃고 헤매고 있으며, 경제는 침체되고, 사회는 부패의 늪 속으로 빠져들고 있다.
　물론 우리 사회는 역사적 경험이나 경제발전 수준이 남미와 다르며, 분단사회라는 점도 남미와는 큰 차이점이다. 그렇지만 현상적으로 나타나는 징후는 너무도 유사하다.
　성균관대 경제학과 교수로서 지난 96년 미국에서 남미국가의 외환위기를 연구하며 보낸 김태동 전 대통령자문 정책기획위원장은 "우리나라의 부유층 행태나 자본과 노동이 보이고 있는 속성, 그리고 미국경제에 지나치게 의존적인 점이 남미와 비슷하다"면서 "그러나 구조조정에 대한 사회적 공감이 섰다는 게 우리에겐 희망적인 점"이라고 말했다.
　그러나 그는 "2001년부터 시작되는 외환자유화 정책에 따라 달러가 외국으로 유출되고 우수인력의 대외유출이 심각해질 경우 상황은 점점 악화될 것이고, 기업 및 금융권의 구조조정이 지연될 경우 제2의 외환위기가 올 가능성이 높다"고 밝혔다.
　우리나라가 남미형 위기빈발 사회가 되지 않기 위한 방안으로, 그는 남미처럼 포퓰리즘 정책을 펴지 말 것, 어떤 어려움이 있어도 이익집단에 휘둘리지 말고 일관된 정책을 펼 것을 주장했다.
　과연 우리나라가 남미와 같은 위기반복형 사회로 전락하지 않기 위해선 어떤 노력이 필요한가. 남미의 경험을 오늘, 우리의 현실 속에서 되짚어 보는 작업은 21세기 벽두 심각한 위기를 풀어갈 수 있는 실마리가 될 것이다.

만성 남미병의 진원지

아르헨티나
Argentina

아르헨티나 | Argentina

남미대륙 동남부에 위치한 아르헨티나는 뮤지컬 〈에비타〉의 무대인 동시에 관능적인 춤 탱고의 발상지다. 또한 남미의 전설적인 게릴라 지도자 체 게바라의 고향이기도 하다.

인구는 3천 695만 명으로 남한 인구보다 약간 적지만 면적은 279만 181㎢로 남한의 28배에 달한다. 특히 전국토의 61%가 팜파로 불리는 비옥한 평원이어서 한때 유럽의 곡물창고 역할을 하기도 했다. 99년 기준 총국민생산(GNP)은 2,759억 달러, 1인당 국민소득은 7,665달러로 외환위기 이후 우리나라 수준이다. 아르헨티나는 이처럼 넓은 국토에 풍부한 자연자원을 갖고 있으나 외채가 1,450억 달러에 달해 만성적인 경제불안을 겪고 있다.

우리나라 교민은 3만 5천 명으로 남미 국가중 최고 수준이었으나 아르헨티나 경제가 악화되면서 멕시코나 미국으로 떠나 2000년 12월 현재 2만명 선을 조금 넘는 것으로 추산된다.

아르헨티나에 가면 재미있는 현상을 발견하게 되는데 미국 화폐인 달러가 현지 화폐인 페소화와 그대로 맞교환된다는 것이다. 따라서 작은 가게나 음식점에서 달러가 그대로 통용되며 특별히 페소화로 교환할 필요가 없다. 이같은 1달러 1페소 정책은 천문학적 인플레이션을 막기 위해 카를로스 메넴 대통령이 91년 '태환정책'을 폄으로써 시작됐는데, 이후 10년간 유지되고 있다.

그러나 페소화를 미 달러화로 고정시킨 환율방식에 따라 아르헨티나의 모든 경제활동을 미국 달러로 측정하게 하는 '달러화 현상'도 초래되어 아르헨티나의 국가 주권이 훼손되는 게 아니냐는 비판론도 제기되고 있다. 반면 야당에서는 아예 아르헨티나 화폐를 폐지하고 미국 달러화를 들여와 쓰자는 논의도 제기하고 있다. 그러나 지난 10년간 과도하게 1달러 1페소를 고집하다보니 페소화가 20% 정도 과대평가된 것으로 추정된다.

아르헨티나를 유명하게 한 것은 페론주의. 1943년 후안 페론이 쿠데타로 대통령이 된 뒤 54년까지 대통령을 지내면서 부인 에바 페론과 함께 펼친 대국민선심정책인 페론주의는 이후 포퓰리즘 정치의 원조가 됐다.

50년대 중반부터 군부 쿠데타가 빈발, 군부가 국가를 이끌었으나 82년 영국과의 포클랜드 전쟁에서 패함으로써 권력을 상실, 83년 정치에서 손을 떼고 민정으로 이양했다.

83년 아르헨티나 군부의 민정이양은 남미국가중 최초로 군부가 권위주의 정치체제를 청산하고 자유선거를 통해 민주적 정치체제로 전환한 사례로 꼽힌다. 83년 12월 인권변호사 출신 라울 알폰신이 대통령에 취임함으로써 군부독재 이후 첫 민간정부가 출범했다.

알폰신 대통령은 군부독재의 잔재를 청산하고 민주주의 원칙이 지배하는 사회를 복원하는데 총력을 기울였으나 군부독재하 방만하게 운영되어온 국영기업과 국가재정을 건전화시키는 데는 실패, 집권 말기에 아르헨티나의 인플레이션이 연 3천 %를 넘어서는 악몽을 낳았다.

이후 89년 카를로스 메넴 대통령이 당선, 99년까지 집권했으나 무원칙한 민영화정책, 부정부패로 인해 집권10년간 아르헨티나 경제의 상황은 점점 악화됐다. 99년 페르난도 델라루아 대통령 체제가 출범했다.

아르헨티나 병의 근원

20세기 중반 남미 최고의 부국, 나아가 세계 5대 부국으로 꼽혔던 아르헨티나의 수도 부에노스 아이레스의 겉모양은 화려하다.

아르헨티나 사람들은 부에노스 아이레스를 관통하는 '7월 9일' 대로가 세계에서 가장 넓은 길이라고 자랑하며, 시내 중심가에 위치한 콜론 극장이 밀라노 스칼라 극장보다 뛰어나다는데 자부심을 갖고 있다. 시내 곳곳에 산재한 고풍스런 바로크식 건축물도 과거의 좋았던 시절을 드러내준다.

하지만 그같은 영화가 백일몽처럼 지나간 21세기 초반 부에노스 아이레스는 우울하다. 자살을 꿈꾸는 염세주의자의 표정같다.

외채 1,450억 달러, 경제성장률 -3.1%, 실업률 14%. 오늘날 아르헨티나의 우울한 현실을 가장 잘 드러내주는 바로미터다. 문제는 2001년에는 경제가 더 나빠질 것이라는 비관주의가 부에노스 아이레스에 전염병처럼 퍼지고 있다는 점이다.

넓디 넓은 땅에서 경작한 곡물과, 초원에서 키운 가축을 유럽으로 팔기만 하면 엄청난 금화가 쏟아져 들어와 주체할 수 없었던 부국 아르헨티나는 왜 반세기만에 개도국 수준으로 곤두박질치고 있는 것일까.

현지 전문가들은 아르헨티나 추락의 원인을 페론주의에서 찾고 있다. 2차대전 중 곡물 수출로 엄청난 외화가 쏟아져 들어왔으나 후안 페론 대통령은 이것을 노동자들에게 뿌리는데 열중했을 뿐 국가의 미래를 위해 투자하지 않아 아르헨티나가 공업국가로 나아갈 수 있는 절호의 기회를 상실하게 됐다는 것이다.

페론은 1946년 대통령에 당선된 후 이듬해인 47년 노동자 임금을 전년 대비 25% 상승시켰고, 48년에는 다시 24%를 올렸다. 그는 남아도는 국부를 노동자층을 위한 새로운 복지정책을 펼치는데 치중했을뿐 장기적 관점의 경제전략을 세우는데 실패했다.

코르도바 대학 역사학과 하이메 실베르트 교수는 "2차대전이 끝나면서 아르헨티나는 급성장할 수 있었는데, 페론이 노동자들의 환심을 사는 포퓰리즘 정책을 고집해 아르헨티나는 구조적인 병을 얻게 됐다"고 지적했다.

또한 페론 사후에도 지속된 페론주의의 유산으로 인해 아르헨티나의 정치인들은 국가전략에 무심한 채 인기영합주의에 빠져들고, 노동자들과 기업인들은 경제발전을 위한 고통 분담 대신 눈 앞의 이익을 좇는 집단 이기주의에 빠져들게 됐다는 것이다.

1946년 당시 페론 대통령은 노동자들의 복지문제에 적극적으로 개입, 단기적으로 노동자들의 근로조건을 개선하고 일자리를 제공하는데 기여한 것은 사실이다.

하지만 페론이라는 전무후무한 지도자로부터 직접 혜택을 받았던 것을 기억하는 노조는 힘들여 일하기보다는 정부가 보장해 주는 특권을 누리는데 익숙해져 장기적으로 생산성을 높이는 데 실패했다.

기업 또한 자신의 주체적인 발전 전략보다는 정부로부터의 특권과 과보호 속에서 기업을 키우는데 자족, 세계적인 기업으로 부상하는데 실패했다. 특히 페론주의 우산 아래에서 아르헨티나 기업인들은 경쟁력이 없는 상품을 만들어 국내에 고가로 판매하는 관행에 익숙해져 세계적 메이커로 성장한 아르헨티나 기업은 하나도 없다는 것이다.

▶ 부에노스 아이레스 시내 정경.
　날로 파국으로 치닫는 경제 때문인지 시민들의 얼굴이 밝지 않다.

페론주의는 노동자들의 생산성을 마비시켰고 기업가들에게는 기업가 정신을 키우는 것보다 정경유착에 의해 돈을 버는 게 이득이 된다는 것을 가르친 셈이다. 결과적으로 페론주의는 생산성이 떨어지는 노동자, 경쟁력이 없는 기업을 만들었다는 게 현지 전문가들의 일반적 평가다.

페론주의에 길들여진 노동자들의 집단이기주의와 페론이 남긴 인기영합적 포퓰리즘 정치는 이후 두고두고 아르헨티나의 발목을 잡는 요소로 작용한다.

페론주의에 길들여진 노동자들의 집단이기주의는 후안 알폰신 대통령(1983~88 집권) 때 절정에 달했다.

알폰신 정부는 군부독재 시절 방만하게 운영됐던 경제를 회생시키기 위해 기업과 노동자들 모두에게 뼈를 깎는 희생에의 동참을 요구했으나 노조는 23차례의 총파업으로 대응했다. 노조는 알폰신 정부 내내 적대적인 관계를 유지했고, 정부와 대결하기 위해 자본가 단체들과도 손잡는 어처구니없는 일까지 벌였다.

노조와 기업은 경제구조 개혁과정에서 고통은 분담하지 않으려면서 개혁에 무임승차하려 했기 때문에 알폰신 정부의 개혁은 처음부터 한계를 갖고 출발할 수밖에 없었던 것이다.

결국 알폰신 대통령은 노동자 세력에게 불리한 정책을 쓸 경우 정권 자체가 위협받을 것을 우려해 노동자 대책에 대해서는 회유정책을 유지하게 됐고, 결국 개혁도 물건너가게 됐다.

99년 12월 출범한 델라루아 정부의 처지도 마찬가지다. 메넴 대통령의 공격적인 민영화정책이 낳은 경제 후유증을 치유하기 위해 긴축정책을 추진하고 있지만, 아르헨티나 노동자들은 총파업으로 대응했고, 공무원들은 현정부가 추진하는 연금개혁정책에 대해서도 연일 시위를 벌이며 반대 입장을 보이고 있다.

경제가 파국으로 치닫는 과정에서도 사회 각 집단들은 기득권을 한 발자국도 양보하지 않으려 하고 있어, 델라루아 정부의 개혁정책은 표류하고 있는 것이다.

인터뷰 | 언론인 마르셀로 칸델미 |

마르셀로 칸델미(47)는 아르헨티나의 유력신문 「클라린 (Clarin)」의 국제부장으로 일하고 있다. 부에노스 아이레스 출신으로 미국계 유피아이(UPI), 영국계 로이터통신의 아르헨티나 특파원을 역임했다. 아르헨티나의 명문 마리아노 모레노 언론대학 출신으로 역사학과 신문학을 전공했다. 뉴욕의 컬럼비아 대학에서 신학을 공부하기도 했다.

— 아르헨티나의 최근 상황을 어떻게 보는가?

"올해는 1993년 이후 최악의 해다. 여느 때 같으면 성탄 트리가 거리에 넘칠 터인데 올해는 전혀 크리스마스 분위기가 없다. 인플레이션도 심하고 임금도 떨어지고, 최악이다. 현재 4백만 명이 실업상태이고, 빈부 격차가 언제부터인지 너무 커졌다.

메넴은 대처와 비슷하게 경제정책을 실행에 옮겼다. 국영기업을 많이 팔고, 많은 사람들을 해고시켰다. 아르헨티나 경제에서 금융의 비중이 커져 소수의 금융자본 관련자들이 소득의 큰 부분을 차지하는 형국이 됐다."

- 주권국가인 아르헨티나가 자국 화폐 페소화의 기준을 미국 화폐 달러에 1 : 1 기준으로 고정시켜 놓은 이유가 무엇인가?

"메넴정권 때 카발로 도밍고는 페소에 대한 뒷받침을 달러로 하기 위해 1달러 1페소 원칙을 법으로 통과시켰다. 우리 화폐로 물가가 너무 비싸지니 살기가 어렵다. 아르헨티나의 교역국인 브라질은 평가절하를 계속하고 있는데, 우리만 같은 환율을 유지하고 있으니 경쟁력이 떨어지고 있다.

그러나 환율을 자유화할 경우 외채는 엄청나게 늘어날 것이고 물가도 불안해진다. 이러지도 저러지도 못하는 실정이다 . 1 대 1 환율이 깨지면 아주 끔찍한 결과가 나올 것이다. 빚이 엄청나게 불어날 것이다. 특히 기업들은 대개 달러로 돈을 갖고 있기 때문에 이것의 부작용도 클 것이다."

- 1달러 1페소화 정책 이후 경제가 좋아졌는가?

"메넴이 헌법을 고쳐 연임한 다음부터 경제가 제자리를 걷고 있다. 이곳 식당에서 우리가 한번 저녁식사하는 비용으로 한 가족이 한달을 사는 사람들이 이 나라의 절반이다. 빈부격차가 너무 심해졌다. 델라루아 대통령 들어 문제는 더 이상 팔아먹을 기업이 없다는 것이다. 이에 따라 재정적자가 매년 급증하고 있다. 공업이 발달해 있지 않고, 원자재의 국제가격 하락도 아르헨티나 경제를 어렵게 하는 요인이다."

- 아르헨티나 공식 화폐를 달러로 하자는 논의가 있는데 어떻게 보는가?

"이미 파나마와 에콰도르는 미국 달러를 공식화폐로 지정했다. 아르헨티나의 경우 금융자본가들은 이것을 지지한다. 그러나 공식화폐가 달러로 될 경우 미국 연방준비이사회에 완전히 종속되는 꼴이 되는데, 이것은 미국도 원치 않는다. 부담이 크기 때문이다."

— 달러를 공식화폐로 지정할 경우 통화주권의 문제가 제기되지 않는가?

"달러 대 페소를 1 : 1로 했을 때 통화정책의 결정권은 이미 없어진 것과 다름없다. 유일한 대안은 남미 국가들이 유럽연합처럼 유로화를 만들면 되는게, 이런 화폐가 생기려면 독일이나 프랑스같은 나라가 남미에도 있어야 한다. 이것이 없는 상태에서 공동화폐 창설은 힘들다.

아르헨티나 경제침체의 한 원인은 페소가 달러에 묶여 있는 것이다. 작년 말 칠레, 멕시코 등이 불경기에서 벗어났는데 아르헨티나는 대통령선거 후 긴축정책과 세금인상, 구조조정, 공무원 월급 인하 등으로 인해 새정부에 대한 기대가 더 나빠지고 있다. 우울감이 팽배해지는 것이다."

— 대학생들이 현정부의 관료와 정치인을 미국 국제통화기금(IMF)의 하수인이라고 하던데…

"아르헨티나의 국가경영능력이 부족하다. 미국에 의존할 수밖에 없는 처지다. 아르헨티나가 하수인 국가에서 벗어나기 위해서는 모든 것에 대결하는 사회주의 국가가 될 경우에나 가능한데, 아르헨티나는 달러에 너무 중독되어 있다.

아르헨티나는 효율성이 없는 경제를 유지하고 있다. 재정적자가 한 해에 75억 달러에 이르고 탈세액이 2백억 달러를 넘는다. 아르헨티나가 이 지경이 된 것은 IMF 책임이 아니다. 탈세가 너무 심해 국가경제가 존립하기 어렵다.

메넴 대통령은 대기업과 마찰을 일으키지 않으려고 탈세를 눈감아 줬고, 이것이 부정부패의 기본이 됐다. 정치인들과 기업인의 유착이 심각한 수준이다. 정당들이 대표하는 은행과 기업인이 있어 이들의 이익을 보호하려고 노력한다. 아르헨티나의 정치인은 신뢰도가 바닥이다. 정치를 재건하고 분위기를 쇄신하려면 여러 세대가 지나야 가능할 것이다."

— 정치인에게 국익은 없고 당리당략만 있다는 말이 나오고 있는데…

"부분적으로는 사실이다. 개인적인 이익만을 챙기는 정치인의 수가 최근 몇 년간 급증했다. 아르헨티에 경제가 크고 복잡한 문제가 있지만 방향을 잡지 못하고 있다는 것도 큰 문제다.

델라루아 대통령이 99년 12월 취임한 후 경제가 좋아지지 않고 있다. 기업인들이 경제를 성장하게 해달라고 요구하는데, 그러려면 국가가 재정지출을 늘려야 한다. 그렇지만 재원이 없어 이것도 힘들다."

— 국가가 방향을 제대로 잡지 못하고 있다는 것인가?

"여러 정책을 동시에 실행하고 있는 데다가 그 정책들이 서로 충돌하고 있다. 정책의 방향이 없다. 정책에 대해 신뢰감을 주지 못하고 있다."

— 정부관료들이 무능하기 때문인가?

"아르헨티나 경제가 침체되어 있는 데다가 경제분야 가운데 주도권을 잡기 위해 서로 싸움을 한다. 그러한 정책 주도권 싸움 속에서 교육예산과 보건예산이 줄고 있다."

— 아르헨티나 병이라는 표현도 나오고 있는데…

"그렇게 말하는 게 좋을지 모르겠는데, 아르헨티나의 경우 역사적인 문제가 있다. 19세기 말 아르헨티나는 세계 5대 강국이었다. 굉장한 잠재력을 갖고 경제력도 아주 막강했었다. 1930년대 군사쿠데타가 일어나면서부터 역사에서 뒤처지기 시작했다. 그때 군부가 나서지 않았다면 우리나라는 캐나다와 같은 나라가 됐을 것이다.

또하나의 문제는 북미에서는 프로테스탄트가 주류를 이룬 것과 달리 여기에서는 가톨릭이 너무 큰 영향을 갖고 있다. 가톨릭은 너무 보수적이고 가부장적이다. 군사 쿠데타가 일어난 데다 프로테스탄트 정신이 없기 때문에 체제순응적인 마인드로 사람들이 간다.

가톨릭은 사람들에게 역경에서 무엇을 열심히 해보자는 정신을 심어주지 않았다. 브라질 사람들이 아르헨티나 사람들을 얘기할 때 '슬픈 사람들이다'라고 한다. 부에노스 아이레스 사람들에게 '오늘 어떠냐'라고 물어보면 늘 '좋지 않다'라고 대답한다. 19세기 말부터 일반적인 정서가 그러했다. 이들이 잘 살면서도 늘 좋지 않다고 생각했던 것은 유럽에 대한 동경 때문이다.

부에노스 아이레스 항구에서 유럽을 바라보며 동경을 했기 때문에 자신의 처지를 늘 비관스럽게 생각한 것이다. 프랑스 철학자 오르테가 가셋은 아르헨티나 사람들을 "제국이 없이 제국주의자들처럼 행동하지만 실제로 갖고 있는 것은 하나도 없다"고 꼬집었다. 부에노스 아이레스 사람들 속담에 "인간은 원숭이에서 내려왔고 아르헨티나인들은 배에서 내려왔다"는 말이 있다. 많은 아르헨티나인들은 유럽인들처럼 행동하고 살아왔다."

- 미국도 이민국가이고 아르헨티나도 이민국가인데, 왜 결과가 그렇게 다른가?

"미국은 이민으로 구성된 국가이지만 처음부터 미국이라는 정체성을 확립하는데 성공했고, 아르헨티나는 그렇지 못했다. 미국인들은 처음부터 어떤 나라를 세울 것인가 고민을 했으나 이 나라에서는 그런 노력이 없었다. 세상에는 승자와 패자가 있는데, 이제 우리는 패자다."

- 너무 비관적이지 않는가?

"운명적이라든가 비관적으로 말하려는 것은 아니고, 지금의 이 나라가 발전하기 위해서는 많은 시간이 걸릴 것이라는 사실을 말하고 싶을 뿐이다. 내가 살아있을 때는 되지 않을 것이다. 그래서 비관적인 생각이 자꾸 든다.

좀더 구체적으로 얘기하면 사회분야에서 국가가 해결해야 할 일이 많은데 그것도 제대로 못하고 있다는 것이다. 아르헨티나 인구 3천 5백만명중 실업자가 4백만명, 절대극빈자가 2백만명 선이다. 절대극빈자들은 최소한의 식생활도 영위하지 못하는 사람들이다. 아르헨티나 사람들 절반이 기본적인 생활만 하고 살고 있다. 나머지 인구중 중산층은 점점 가난해져 집을 줄이고 사립학교 보내던 것을 공립학교 보내고, 직장도 잃고 있다.

정치적 경제적으로 최악의 상황이다. 가톨릭 국가임에도 불구하고 거리에 크리스마스 장식이 없는 해는 올해가 처음이다. 내년은 더 나빠질 것이다. 요즘 시위가 연달아 발생하고 있다. 세금이 오르고 외채가 많아지니 사회가 술렁인다."

― 노조의 이기주의 때문에 경제가 성장되지 않는게 아닌가?

"노조가 경제를 악화시키는 일은 현재까지는 하고 있지 않다. 정치가가 정책을 잘못 편게 더 큰 문제다. 이 나라의 노조는 기본적으로 가톨릭 정신에 침윤되어 있어 마르크스주의 노동운동처럼 격렬하지 않다. 대개 기업의 고용주들과 합의를 보려 한다. 늘 고용주들과 협상을 통해 유착을 하는 경우가 많다. 이 때문에 노조 지도자들이 롤렉스 시계를 차고 외국여행하는 경우도 많다. 노조가 파업을 해서 기업이나 사회를 망하게 한 경우는 없다.

문제는 기업인들인데, 이들이 국가에 의존해 경쟁력이 없는 상품을 만들고 국내에 고가로 팔아왔다. 아르헨티나에는 프로페셔널한 기업인이 없다. 쉽게 돈 벌려는 사람들 뿐이다. 기업인에게 기업가 정신이 없다는 게 가장 큰 문제다."

― 페론주의 때문에 아르헨티나가 정체하는 것은 아닌가?

"페론당은 20세기 중반에 사회정의를 강화시켰다. 프랑스의 드골, 영국의 노동당이 한 역할과 유사하다. 노동법률을 만들고 상대적으로 불리한 위치에 있는 사람들을 보호했다.

나쁜 점은 페론당이 아르헨티나 역사에 굉장히 부정적인 역할을 했다는 것이다. 2차대전이 시작되며 곡물 수출로 엄청난 외화가 들어왔으나, 전쟁이 끝나며 수출이 끊어졌고 공업 발전의 기회도 잃게 됐다.

튼튼한 공업을 일으킬 수 있는 기회를 놓쳤다. 페론의 리더쉽도 굉장히 억압적이었다. 이데올로기적으로 성숙할 수 있는 기회도 잃었다. 페론 때에는 검열도 심했고 경제지표도 나아진 게 없다. 페론과 뭇솔리니는 독재자라는 점에서 닮은 점이 많으나 뭇솔리니 시대에 이탈리아 경제는 회복됐으나 페론시대 아르헨티나는 그렇지 못했다."

― 군인 출신인 한국의 박정희나 칠레의 피노체트는 독재를 하면서도 경제를 발전시킨 공이 있는데, 페론은 그렇지 못하지 않는가?

"페론은 독재자가 아니다. 태도가 폭력적이었다는 것이다. 강력한 리더쉽에 문제가 있었던 게 아니다. 강력한 신념을 가진 지도력이 필요하다. 브라질이나 칠레의 군정을 보면 공업을 고려했다는 점이 있다. 국가를 어떻게 경영해나가야 할지에 대한 신념이 있었다.

그러나 불행하게도 아르헨티나는 그렇지 못했다. 아르헨의 군정은 무식했고 경제에 대한 비전이 없었다. 칠레는 마지막 몇해 공업성장, 경제성장도 하고 연금제도를 민간회사에 맡겨 경영을 효율화했고, 저축률을 높였다. 물론 피노체트의 잘못도 있다. 칠레 경제를 덫에 걸리게 했고, 정치를 정체시켰다."

― 아르헨티나에 어떤 지도자가 필요하다고 보는가?

"어떤 리더냐 사람의 문제가 아니다. 아르헨티나에 강력한 리더나 메시아가 필요하다는데 동의하지 않는다. 국가가 다시 발전하기 위해서, 가난이라는 문제를 해결하기 위해서 국민이 힘을 합쳐야 한다. 대안을 찾고 그것을 바탕으로 열심히 일을 해야 한다. 노동의 강도를 높이고 힘을 모아야 한다.

아르헨티나 차이나 타운에 가면 중국 사람들은 열심히 위험부담을 각오하고 일을 하는데 우리도 그렇게 해야 한다. 아르헨티나에는 곡창지대가 있고 석유도 있고 부존자원도 많다. 그러나 석유회사는 이미 아르헨티나의 것이 아니고 자주적인 정책도 갖고 있지 못하다."

- 아르헨티나에서 이민을 떠나려는 사람들이 많다는데, 구체적으로 어떤 사람들이 떠나려는 것인가?

"25~30세 정도의 배운 사람들이다. 이탈리아나 스페인 등 유럽인들의 후손이기 때문에 비자가 쉽게 나온다."

- 왜 떠난다고 보는가?

"메넴 때 실망을 많이 한 사람들이 델라루아 정권이 들어선 뒤 이젠 정말 희망이 없다고 생각한 것같다."

분열되는 사회, 해체되는 국가

　남미의 파리로 불렸던 부에노스 아이레스는 소수의 부유층에게는 천국이지만 절대다수의 극빈층에게는 지옥과 같은 도시다. 부에노스 아이레스 외곽의 고급 주택가는 유럽의 부촌과 비교해도 손색이 없지만 외곽에서 조금만 벗어나면 사람이 사는 곳이라는 생각을 할 수 없을 정도의 빈민촌이 밀집해 있다.

　부에노스 아이레스 주변은 또한 골프장 천국이다. 시 주변의 골프장은 120개가 넘는다. 그러나 햇살이 눈부신 청명한 날씨를 즐기며 너른 들판에서 골프를 치려면 통과의례를 치러야 한다. 골프장으로 가는 길목에는 여지없이 빈민촌들이 밀집해 있기 때문이다.

　부에노스 아이레스에서 가장 좋은 잔디와 풍광을 지녔다는 부에나 비에타 골프장으로 가는 길도 마찬가지다. 부에노스 아이레스 외곽 판 아메리카 고속도로를 40여분 달리다 보면 고속도로 오른편에는 난지도를 방불케 하는 거대한 쓰레기 하치장이 있어 시큼하고 퀴퀴한 냄새가 코를 찌른다.

　그 왼편에는 쓰레기 하치장과 같은 판자촌이 밀집해 있는데, 이곳이 바로 스페인어로 비아(Villa)로 불리는 빈민촌이다. 이곳은 현지인들도 대낮에 들어가려 하지 않는 위험한 지역이다. 빈민들의 밀집지역에서 언제 어떤 일이 벌어질지 알 수 없기 때문이다.

아르헨티나 인구 3천 5백만명 가운데 절반은 최저생계비 이하의 벌이로 기본생활 정도만을 겨우 유지해 나가면서 이같은 빈민촌에 산다. 특히 2백만 명에 달하는 사람들은 충분한 음식을 먹지 못하는 절대극빈층으로 분류된다.

아르헨티나의 1인당 국민총생산(GNP)은 8천 달러 수준. 우리나라와 비슷한 수준이지만 극단적인 빈부격차로 인해 1인당 GNP를 말하는 것은 무의미하다. 부에노스 아이레스 전문직 종사자의 경우 월 3~4천 달러를 벌지만 대부분의 사람들은 월 2~3백 달러에도 못미치는 월급을 받고 일하기 때문이다.

아르헨티나의 빈부격차가 극단적으로 벌어진 것은 카를로스 메넴 대통령(1989~99) 집권 후부터다. 메넴은 대처리즘에 입각한 경제정책을 실행에 옮겨 경영합리화, 노동시장 유연화를 내세우며 많은 사람들을 해고시켰고, 국영기업을 해외에 매각했다.

메넴은 흑자기업이었던 아르헨티나 항공을 스페인의 이베리아사가 주도하는 컨소시엄에 매각했고, 국영통신업체인 엔텔은 프랑스와 스페인이 주도하는 컨소시움으로 넘어갔다.

이뿐만이 아니다. 은행은 물론 TV 채널과 라디오방송국, 나아가 일정구간의 도로, 석유채굴권까지 매각했다. 민영화 바람은 이에 그치지 않고 주민등록증 발급사업까지 독일 기업에 맡겼고, 최근 들어서는 매년 2백억 달러에 달하는 탈세를 막기 위해 국세청의 업무까지 외국기업에 매각할 움직임을 보이고 있다.

메넴 정부가 10년간 추진해온 공격적 민영화 결과 아르헨티나의 국부는 대부분 팔려나갔다. 이제 더 이상 팔래야 팔 것이 없다는 얘기가 나올 정도다. 이에 따라 주권국가가 시민들에게 제공하는 기본적인 서비스 기능이 크게 제한되는 사태까지 발생하게 됐다.

아르헨티나 정부는 더 이상 전화비와 전기요금, 도로통행료 등에 대해 규제권을 갖지 못하고 외국기업들의 경제논리에 따라가야 하는 사태가 발생하게 된 것이다.

▶ 남미의 대표적 음악으로 꼽히는 탱고의 발생지 보카 지구.
부에노스 아이레스 변두리에 있다.

부에노스 아이레스 시내에서 만난 운전기사 루이스는 "옛날에는 전화를 신청해도 1년을 기다려야 했지만 외국기업이 통신업체를 인수한 뒤부터는 한달 안에 새 전화가 나오고 서비스도 좋아졌다"고 말했다. 그러나 전화비가 많이 올라 걱정이라고 덧붙였다.

통신사업과 전기사업이 외국업체에 매각된 후 아르헨티나 사람들은 이들 업체들의 요금인상에 속수무책으로 당할 수밖에 없는 처지에 놓이게 된 것이다.

메넴 때 추진한 1달러 1페소 정책에 따라 경제금융정책은 국제금융기관과 미국 재무당국의 이해관계에 따라 조정되기 시작했고, 기하급수적으로 늘어나는 외채 때문에 경제부처들은 주기적으로 IMF와 국제채권은행단의 실사를 받는 사태에까지 이르렀다.

아르헨티나라는 나라는 존재하지만 나라의 국부는 대부분 팔려나갔고, 국가의 기능은 외국기업이나 외국의 금융기관 손으로 넘어가게 된 것이다.

아르헨티나의 상황은 이렇듯 국가 최악의 위기상황으로 치닫고 있지만 이같은 문제를 시정하려는 국가적 노력이나 사회적 움직임은 찾아볼 수 없다. 아르헨티나가 이민으로 구성된 국가인 탓인지 이들에게는 애초부터 국가적 연대감이나 애국심이 빈약했기 때문이다. 정치권의 위기체감도는 상이하며, 식자층에서는 아무런 대안 제시를 못하고 있다.

집권당인 래디컬당의 마르셀로 스튜브린 하원의원은 "현재의 위기는 경제회복이 이뤄지지 않아 나타나는 현상일 뿐 구조적인 위기라고 볼 수 없다"는 입장을 보였다.

다만 마르셀로 칸델미 「클라린」 국제부장은 "아르헨티나는 이미 회복할래야 할 수 없는 마지노선에 다달았다"는 것을 인정하면서도 "현재로서는 이같은 사태로부터 벗어날 방법이 없다"는 비관적 전망을 했다.

이같은 상황 속에서 일반인들은 그저 남아 살 것인가, 아니면 새로운 삶을 찾아 떠날 것인가를 강요받을 뿐이다. 최근들어 아르헨티나의 이민대열이 늘어나는 것은 이같은 현실과 무관치 않다.

2000년 상반기 동안 이탈리아 대사관은 7천 건의 비자를 내줬는데, 이것은 1999년의 두배에 이르는 수치다. 아르헨티나에서 10여년 간 삶터를 닦아온 한인 교포들도 이미 엑소더스 대열에 동참했다. 3만 5천명에 달하던 교민사회는 2년 전부터 급속히 줄어들어 2000

년 말 현재 2만명 선으로 추산된다.

아르헨티나는 19세기 말부터 20세기 중반까지 이어진 호황 덕분에 많은 이민들이 몰려왔던 나라이지만, 군부독재와 정치부패, 경제실정이 계속되자 탈아르헨티나 사태로까지 비화되고 있는 것이다.

메넴 이후 99년 12월 사회당연합정권의 델라루아 정부가 출범했지만 가야할 길은 멀다. 국제통화기금(IMF)의 고위 책임자 토머스 라이히먼은 아르헨티나 정부를 "국민의 절망감을 회복시키지 못하는 무능력한 정부"라고 비난했다.

국가가 해야 할 일은 많지만 외국자본들에게 손과 발이 묶여 국민들을 위해 제공할 수 있는 것이 거의 없는 나라, 그것이 21세기 초 아르헨티나의 비극이다.

인터뷰 | 역사학자 하이메 실베르트 |

하이메 실베르트 교수(58)는 동북아시아 역사 특히 한·중·일 비교연구를 하고 있으며, 한국의 현대사 연구에 관심이 깊다. 국립코르도바대 아시아문제 연구소장을 겸임하고 있으며, 95년 한국을 방문, 서울대와 경남대 극동문제 연구소에서 연구활동을 했다. 한국의 경제개발 모델과 사회운동에 관심이 깊다.

― 라틴아메리카에서 한국경제 발전모델과 유사하다고 보는 나라는?

"브라질이다. 국가가 경제에 개입했고, 그리고 독재적인 지배층이 형성되어 그 경제를 관리, 발전시켰다. 사회운동을 통해 민주화를 해나간 점도 유사하다. 87년 한국이, 89년 브라질이 민주적 정권교체의 길을 열었다. 사회운동을 통해 소득분배를 공평화하는 일도 해냈다. 세계적으로 노조의 힘이 많이 약화됐는데 한국과 브라질은 그렇지 않다."

― 아르헨티나의 경우는 어떤가?

"아르헨 노조는 한국이나 브라질과 달리 약화돼 왔다."

- 정말 그런가?

"아르헨티나의 독재적 지배층이 쇠퇴했고, 그 결과 경제 또한 쇠퇴했다. 국가개입의 여지가 줄어 들었다. 한국, 브라질은 국가가 경제권을 갖고 영향력을 행사할 수 있는데 아르헨티나에서는 그렇지 않다. 아르헨티나에서는 국가만이 아니라 노조도 힘을 잃었다.

한국에서는 국가가 주요 경제부문과 금융 시스템에 대해 개혁을 추진하지만 아르헨에서는 금융 시스템에 발이 묶여 힘을 쓰지 못하고 있다. 아르헨티나는 2년간 불경기에 빠져 있다. 이번에 델라루아 대통령이 경제조치를 통해 공공요금을 올린 것에 대해 일반인들은 분노하고 있다. 한국에서는 국가가 정치개혁, 경제개혁을 주도하고 있지만 아르헨티나는 그렇지 못하다."

- 아르헨티나 국가가 무능하다는 얘기인가?

"손발이 묶여 있고·마비되어 있다"

- 좀더 구체적으로 얘기하면…

"국가가 어떤 종류의 경제정책도 갖고 있지 못하다는 것이다."

- 왜 그런가?

"국가의 손발이 묶인 데에는 2가지 요인이 있다. 첫째 1대 1 환율이고, 둘째 예산면에서 긴축이다. 그래서 내수시장이 위축되어 있다. 이런 측면에서보면 남미 각국에서도 비슷한 현상이 나타나고 있다. 에콰도르나 페루에서는 극단적인 긴축을 해서 실패했다."

- 경제정책이 없다고 했는데, 그 원인은 무엇인가?

"국가의 힘이 너무 축소되어 경제에 개입할 만한 힘을 갖고 있지 못하다.

현경제정책은 경제를 살리기 위한 것이 아니라 1 : 1 환율방어를 위한 긴축정책이라는 게 가장 큰 문제다."

– 페론주의에 대해 어떻게 보는가?

"역사적으로 페론주의는 없다. 그 전설만이 남아 있다. 페론주의는 국가가 경제를 직접 관장하고 소득분배에 간섭을 하는 것을 의미한다. 2차대전이 끝나면서 아르헨티나가 급성장을 할 수 있었는데 그런 기회를 놓친 것은 페론당의 책임이다. 페론주의는 근로자들에게 비교적 높은 월급, 일자리를 제공해 주었지만 생산성을 높이는 데에는 실패했다.

페론주의는 또한 새로운 형태의 기업그룹을 만들었다. 국가로부터 과잉보호를 받아 생산성과 경쟁력이 없는 기업들이 바로 그것이다. 60년대 말 이미 아르헨티나에서는 자동차 생산이 활발했었다. 한국은 4천 5백만 인구에 1년에 150만대를 내수시장에서 소비하고 120만대를 외국에 수출하는데, 아르헨티나에서는 30만대밖에 생산하지 못한다. 자동차 생산국으로서 성장할 수 있었는데 기회를 놓친 것이다.

아르헨티나에서는 요즘 석유와 천연가스를 생산하는데, 이것도 대부분 스페인 기업이 주도하고 있다. 이 때문에 아르헨티나의 석유와 가스 가격이 석유수입국들보다 비싸다. 아르헨티나의 지하자원을 개발하고 있음에도 불구하고 아르헨티나 마음대로 가격을 결정하지 못한다는 얘기다."

– 한국학 연구에 깊은 관심을 보이고 있는데, 박정희 모델에 대해서는 어떻게 생각하는가?

"긍정성과 부정성을 동시에 갖는다. 한국은 박정희로 인해 사회적 대가를 치뤘지만 경제발전 모델도 만들어냈다. 박정희는 다른 한편으로는 독재적 성격이 아주 강한 사람이다. 경제를 이뤄낸 것은 공이지만 나쁜 점은 한국사회에 권위주의적 유산을 남겼다는 것이다. 그 때문에 민주주의 발전에 나쁜 영향을 끼쳤다. 또한 권위주의 스타일은 국민들뿐 아니라 기업에도 각인되어 경제발전과정에서 나쁘게 나타나고 있다."

- 남미에서 박정희 모델에 대해 관심을 갖고 있는가?

"박정희 모델뿐만 아니라 78년 덩샤오핑의 경제모델, 더 멀리는 일본의 메이지 유신의 모델을 함께 연구하면서 아시아 지역이 짧은 기간에 경제를 키울 수 있었던 이유에 대해 연구하고 있다. 또한 97년 IMF위기가 난 이후에는 그간 성공해왔던 경제모델이 왜 이런 위기를 맞았는가에 대해 관심을 갖고 지켜 봤다. 결론은 경제발전을 위해서는 정치도 민주주의 모델을 따라야 한다는 것이다."

- 칠레의 피노체트는 군부 쿠데타를 통해 집권했으나 칠레의 경제를 발전시켰다. 아르헨티나의 군부는 독재를 하고도 경제를 발전시키지 못했다. 그 차이를 어떻게 보는가?

"칠레는 아시아와 같은 공업성장을 이뤄냈으나 환경적 사회적 대가를 치렀다. 반면 아르헨 군부는 정권을 장악했으나 상황이 좋지 않아 경제성장의 복안을 갖고 있지 못했다. 군정기간 동안 외채가 급증해 경제는 더욱 악화됐다. 군정은 그간 사회구조를 파괴하는데 목적을 뒀다. 그들의 목적은 경제성장이 아니라 기존 사회구조의 파괴였다. 이 때문에 3만여 명에 달하는 실종자 문제가 생겨났다. 경제성장 모델은 제시하지 못했다."

- 역사학자로서 아르헨티나에 어떤 것이 필요하다고 보는가?

"83년 민정복귀 이후 해결하지 못한 인권, 경제, 사회적 유산을 해결해야 한다. 한국과 아르헨티나는 1인당 GNP가 8~9천 달러 선인데 한국의 최저 월급은 6백달러 선이나 아르헨티나의 경우 200~250달러밖에 안된다. 이런 사회적 부의 불균형이 해소되지 않으면 더 큰 위기를 맞게 된다. 알폰신 대통령은 민주주의가 먹을 것을 준다고 했고, 메넴은 생산성 향상과 물가안정을 추구했으나 해결책을 제시하지는 못했다.

이런 정치적 불신이 가속화하면 베네수엘라의 우고 차베스 대통령과 같은 인물이 나올 수 있다. 정치에 대한 좌절감이 너무 커서 아노미 상태에 빠질 때 전혀 의외의 인물이 정치를 하게 될 경우 불행이 더 커질 수 있다. 이럴 경우 정치의 아노미 상태는 가속화하고 기존의 정치 시스템은 붕괴의 위험을 맞게 될 것이다. 정치제도가 무너지면 국가가 와해될 수 있다. 이미 아프리카에서는 국가가 없어지는 나라가 나왔다."

- 위기에 대한 진단이 아주 냉정한데, 어떻게 대안을 마련해야 한다고 보는가?

"현재 이 나라의 위기는 단순한 정치인들만의 위기가 아니라 지배층 전체의 위기다. 말하자면 조선조 말과 같은 위기다. 지금의 정치 경제위기를 단숨에 극복할 수 있는 방법은 없다. 20년이 걸리더라도 근본적인 대안을 제시해 국민들이 그것을 따라갈 수 있도록 하는 지도자가 필요하다."

- 국가가 징세 역할까지도 민영화하려 한다는데…

"아르헨티나 정부는 이미 주민등록증 발급업무를 국제입찰시켜 독일 지멘스사를 선정한 바 있다. 따라서 세금징수 업무를 민영화하려 할 수도 있을 것이다."

영원한 퍼스트 레이디 에바 페론

뮤지컬 <에비타>는 아르헨티나를 전세계에 알린 최고의 문화상품이다. 비록 아르헨티나 사람들의 손에 의해 만들어진 것이 아니라 뉴욕의 브로드웨이 상업 뮤지컬이라 해도 아르헨티나는 이 뮤지컬 덕분에 남미국가들 가운데 가장 친숙한 나라가 됐다.

뮤지컬 <에비타>는 80년대 탈랜트 유인촌씨가 페론 장군역으로, 국회의원 배기선씨의 부인인 소프라노 이경애씨 주연으로 국내에서도 공연된 바 있다. 최근에는 마돈나와 안토니오 반데라스가 주연한 영화 <에비타>가 선보여 시선을 끈 적이 있다.

뮤지컬이나 영화를 보지 않은 사람들도 라디오 FM에서 흘러나오는 <날 위해 울지 말아요, 아르헨티나여>(Don't cry for me Argentina!)를 흥얼거린 경험이 많을 것이다. 이 노래말은 바로 불치의 암에 걸린 에바 페론이 죽기 전에 마지막으로 연설한 대국민 메시지의 일부다.

에비타는 살아서도 세계의 이목을 끌었던 인물이지만 죽은 뒤에도 그의 인기는 여전하다. 부에노스 아이레스 부촌인 레콜레타 공동묘지는 마치 죽은 자들의 도시와 같다. 망자들을 위해 지은 작은 집들이 빼곡이 이어져 공동묘지라기보다는 가상현실 공간과도 같다. 부에노스 아이레스에서 힘깨나 쓴다는 사람들은 모두 이곳에

묻혔다. 바로크 풍의 멋진 무덤 장식은 고풍스러운 멋을 한껏 돋구고 있다. 이 한가운데 아르헨티나의 여걸 에비타(에바 페론의 애칭)의 묘지가 있다.

물론 안내판에는 에비타 묘지 표시가 없다. 살아 생전에 아르헨티나를 호령했던 여걸이지만 죽은 뒤에는 평범한 여성으로 돌아간 탓일까.

안내인에게 에비타의 묘를 찾아왔다고

▶ 부에노스 아이레스 시내 레콜레타 묘지에 위치한 에바 페론의 묘.

했더니 종이에다 지도를 그린다. 이 길로 쭉 내려가다가 사거리에서 오른편으로 한번 꺾어 내려가고, 다시 왼편으로 꺾어져 내려가다 세번째 자리라는 설명이다. 혼자 왔으면 그저 헤매다 돌아갈 뻔했구나 속으로 생각하면서 발길을 옮겼다.

에비타 묘지는 평범하게 단장되어 있는데다 이름도 한 귀퉁이에 조그맣게 쓰여져 있어 일반인들이 놓치기 십상이다. 하지만 이런 어려움을 무릅쓰고 그의 묘지를 찾는 조문객은 한 달에 5백명에 달한다고 관리인이 귀뜸한다.

에비타는 빈자들에게는 성녀로 불렸고, 가진 자들에게는 정치적 목적으로 빈민을 이용한 악녀로 불렸다. 52년 남편인 후안 페론 대통령의 재선을 위한 선거유세 때 갑작스레 암으로 사망했으나, 여전히 아르헨티나 사람들에게는 살아있는 신화다.

그의 묘비 앞에는 아르헨티나의 노총과 각 지방의 노조 등에서 보내온 추모패가 일렬로 붙어 있다.

묘미 맨위에는 에바 페론의 유언이 붙어 있다.

"내가 멀리갔다고 슬퍼하지 말라. 네가 있음으로 내가 있다. 내 모든 사랑과 슬픔은 예정되어 있었다. 나는 그리스도를 닮아가려는 작은 목표를 이루었다."

▶ 아르헨티나의 영원한 퍼스트 레이디 에바 페론.
경제가 나빠지면서 에바 페론이 다시 인기를 끌고 있다.

야심만만한 군인 후안 페론의 부인이 된 후 46년 아르헨티나의 퍼스트레이디가 된 에비타는 1948년 자신의 이름을 딴 재단 설립, 노동자 지원운동에 나섰다. 51년 페론의 재선운동 때 부통령으로 등록하려 했으나 군부의 반대로 불발되면서 지병이 악화, 사망했다.

아르헨티나 지식인들은 40~50년대 에비타와 페론이 아르헨티나에 끼친 영향에 대해 비판적인 견해를 보이고 있지만, 서민들은 경제현실이 어려워질수록 에비타를 얘기하는 사람들이 많아지고 있다.

에비타 묘지 앞에서 만난 50대 중년 여성은 "과거에는 에비타가 가난한 사람들을 위해 일했지만, 요즘에는 가난한 사람들에게 관심 갖는 사람들이 아무도 없다"며 아쉬워했다.

　부에노스 아이레스대 캠퍼스에서 만난 여대생 브라브다도 "페론이나 에비타처럼 국민에게 필요한 것을 물어보고, 그것을 실천한 지도자가 필요하다"고 말했다. 포퓰리즘에 대한 동경은 경제가 어려워질 때 커지는 듯하다.

인터뷰 | 사회운동가를 꿈꾸는 기세르미나 브라브다 |

여대생 기세르미나 브라르다(24)는 부에노스 아이레스대 사회학과 2학년생으로 산타페 주 로사리오 출신이다. 정치의식과 사회비판의식이 강하며 좌파 '자유조국당'의 소속원이기도 하다. 대학을 졸업하면 가난한 사람들을 위해 일하는 사회운동가가 되고 싶다는 정열적인 여학생이다.

― 요즘 이민가려는 사람이 많다는데…

"대학생들은 이민에 대해 좋게 생각하지 않는다. 여기서 열심히 살고 싶다. 문제는 정부에게 있다. 구체적으로 말하면 국가가 관리해야 하는 부문까지도 민영화를 해서 일자리가 줄어들고 있기 때문이다. 지금 아르헨티나 정부관리들은 국제통화기금(IMF)의 하수인이자 노예들과 같다."

― 그럼 대안은 무엇인가?

"국가에서 월급을 올리지 못하게 한 뒤 근로시간을 줄여 회사들이 더 많은 근로자들을 고용해야 한다."

― 미래에 대해 가장 걱정하는 것은 무엇인가?

"국가의 현실은 나쁘지만 고칠 수 있다는 의지가 없다는 게 가장 큰 문제다. 국가가 청년들에게 주는 것은 '어쩔 수 없다'는 절망감 뿐이다. 해외에 나가든가, 아니면 그냥 살든가 택일을 강요하고 있다."

― 정부관료들을 무능력하다고 보는가?

"그들은 무능력한 게 아니다. 대개 미국이나 프랑스 등지에서 고등교육을 받은 실력파들이다. 그들의 문제는 자신의 능력을 자기가족과 계층을 위해서만 쓰려는 데 있다. 국민들에 대한 관심이 없고 오로지 자기들의 이해관계에 충실한 사람들이다. 애국심이 털끝만치도 없다."

― 이같은 현실에 불만을 품은 학생들이 많은가?

"학생들은 좌파정당의 캐치프레이즈에 공감해 적극적으로 활동하기 시작했다. 사회의식이 강한 이들이 먼저 움직이고 있다. 나는 자유조국당의 당원인데 우리는 메넴 때부터 국가 기간산업의 민영화에 반대해 왔다."

― 존경하는 지도자가 있는가?

"체 게바라다."

― 페론이나 에비타같은 지도자가 다시 필요하다고 보는가?

"어떤 과도기적 기간에는 필요하다. 국민에게 필요한 것을 물어보고 그것을 실천하는 지도자가 필요하다. 베네수엘라의 우고 차베스같은 사람이 바로 그런 지도자다."

― 페론주의가 나라를 망쳤다는 얘기를 하는 사람도 있는데…

"그때를 살지 않은 사람이 비판하는 것은 아무 의미가 없다. 오늘날 아르헨티나의 연금제도나 의료보험제도, 초등학교 무상의무교육제는 그때 생겨난 복지제도이다. 여성들도 에비타 덕분에 투표권을 얻었다."

― 베네수엘라의 차베스를 바람직한 지도자로 꼽았는데, 아르헨티나에는 그런 지도자가 없는가?

"그러한 리더급 인사는 많다. 다만 권력을 잡지 못했을 뿐이다. 루이스 파리넬로 신부나 엘타노 데헤나로 공무원 노조위원장이 그런 사람들이다."

인터뷰 | 대학생 엠마누엘 비달 |

엠마누엘 비달(21)은 부에노스 아이레스대학 경제학과 3학년생이다. 자신은 스페인 혈통이나 인디오 피가 약간 섞였다고 설명했다. 아버지는 시청 공무원으로 퇴직했으며 연금으로 생활하고 있다. 현재 공부하고 생활하는 데에는 어려움이 없으나 가장 걱정하는 것은 직장을 갖는 문제다. 그는 평범한 직장인이 되고 싶은데 아르헨티나 경제 상황이 점점 어려워져 직장을 얻을 가능성이 희박해지고 있다고 지적했다.

- 이민을 가려는 사람들이 많은 데 어떻게 생각하는가?

"일자리를 구하기 어렵기 때문이라고 본다. 가는 사람이 많다. 나나 내 친구들이 대학을 졸업해서 할 수 있는 일이 겨우 택시기사라면 떠나고 싶지 않겠는가. 나는 전공을 살려서 일하고 싶지만 대부분의 사람들은 전공과 상관없는 일을 한다. 나는 여기 남아서 전공과 관련된 일을 하고 싶다."

- 경제가 나빠지고 있다는 것을 체감하는가?

"경제가 점점 나빠지고 침체상태로 빠지고 있다. 현재 경제정책에 문제가 많다. 1달러 1페소 정책이 경제를 더 나빠지지 않게 하는 역할을 하고 있으나 결국에 가서는 평가절하할 수밖에 없을 것이다."

– 현재 델라루아의 경제정책에 대해 어떻게 보는가?
"메넴시대와 달라진 게 하나도 없다. 엄청난 재정적자를 바탕으로 자본을 끌여들여서 문제다."

– 페론주의에 대해 어떻게 보는가?
"페론이라는 카리스마적 인물을 바탕으로 해서 생긴 것이라고 본다. 그때 사회개혁을 잘 해서 근로자를 위한 정책을 많이 펼쳤다. 페론의 사회경제 개혁이 현재까지 이어지고 있다."

– 페론을 존경하는가?
"인물을 좋아하는 게 아니라 그가 펼친 정치를 좋아한다."

– 페론같은 인물이 다시 필요하다고 보는가?
"페론이나 알폰신, 메넴시대를 거치며 국민들은 그들에게 모든 것을 걸었다. 요즘 아르헨티나 사람들은 많이 성숙해졌다. 국민들이 힘을 합치는 게 필요하다고 본다."

– 아르헨티나 사람들에게 애국심이 부족하다는 얘기를 하는데…
"우리나라는 다른 라틴아메리카 국가에 비해 스페인과 이탈리아 이민자들에 의해 만들어진 나라이다. 군정시대에는 애국심이 많이 강조됐지만, 요즘에는 많이 흐려지고 있다."

외국기업 등돌리게 하는 아르헨티나 부패

아르헨티나(Argentina)는 라틴어로 '은'을 의미한다. 16세기 스페인의 식민지가 된 후 유럽의 이주민들이 끝없이 밀려들어온 것은 노다지가 있었기 때문이다. 그러나 노다지를 찾아온 외국기업들은 아르헨티나의 부패 때문에 하나 둘 떠나고 있다.

미국계 패스트푸드업체인 '웬디스'는 최근 "아르헨티나가 바뀌지 않는 한 다시는 들어오지 않겠다"는 악담을 남기고 철수했고, 이탈리아의 피아트 자동차사는 각종 명목으로 뜯기는 준조세가 너무 심해 아르헨티나 현지공장을 브라질로 옮겨버렸다.

국민은행 부에노스 아이레스 지점에 근무하는 현지 직원의 월급은 1천 달러 선인데, 연금과 준조세, 성금 등으로 지출되는 돈이 월급에 맞먹는다는 게 관계자의 전언이다.

부패는 물류 흐름의 동맥경화증을 낳고 있다.

이과수 폭포 부근의 아르헨티나-브라질 국경선 지역 브라질측 세관은 한산한데 아르헨티나측 세관에는 브라질산 곡물 등을 실은 컨테이너가 도로를 점거한 채 줄줄이 서있다.

현지 안내인에 따르면 "아르헨티나측 세관에 뒷돈을 내지 않아 서있는 것"이라고 설명했다. 고지식한 운전기사들은 사흘이고 나흘이고 무작정 차안에서 기다리지만, 하루가 급한 사람들은 요구하는 만큼의 뒷돈을 찔러주고 단숨에 통과하는 게 관행으로 굳어져 있다.

아르헨티나의 부패 가운데 가장 심각한 것은 정치인 부패다. 국영기업의 해외매각 때 오간 리베이트 비용은 아직 전모가 공개되지 않았지만 엄청난 수준일 것이라는 게 상식이다. 이러다보니 기업인들도 정상적인 기업활동에 주력하기보다 정치인들과 결탁해 쉽게 돈버는 일에 더 익숙해져 있다. 아르헨티나에 기업가 정신을 가진 기업가가 없다는 말은 이제 일상적인 용어가 되었다.

▶ 부에노스 아이레스 보카 지구에 위치한 건물.
탱고 바람이 지나간 뒤의 쇠락함이 건물 곳곳에 배어 있다.

남미 전문가 이성형씨의 저작 『신자유주의의 빛과 그림자』(한길사)에 소개된 '아르헨티나 기업가의 하루'는 기업가 정신이 없는 기업가의 단면을 잘 보여준다.

아르헨티나의 기업인이나 경영진의 전형적인 하루살이는 아침 일찍 라디오를 두 시간 듣고 두어 가지 신문을 보충적으로 읽으면서 시작된다. 아침의 사무실 근무시간은 관료들을 만나는데 바쳐지고 점심시간은 으레 고급 공무원들이나 경쟁자들과의 식사에 쓰여진다. 그리고 나서 사무실로 돌아와 라디오 뉴스에 다시 귀를 기울인다. 전형적인 아르헨티나 기업인들은 너무 바빠서 일을 할 수가 없다.

경제정책이 끊임없이 변화하는데다 정치인들이나 관료들과의 친분관계에 따라 중요한 결정이 이뤄지기 때문에 고지식하게 생산활동에 전력하는 것보다 이들과의 친목 유지에 시간을 쏟는 게 훨씬 이익이라는 것이다.

실제 메넴 대통령 당시 국영기업의 민영화가 이뤄질 때 아르헨티나 기업인들과 관료, 정치인들의 결탁은 극에 달했다.

여당인 급진당 소속의 마르셀 스튜브린 하원 외교위원장은 "아르헨티나의 부패는 메넴 정부가 국영기업을 졸속으로 매각할 때 극성을 부렸다"고 밝혔다.

특히 정치인들은 여야를 막론하고 로비스트가 되어 이해관계가 있는 기업을 노골적으로 감싸고 있다. 이를 막기 위해 99년 정치인 재산신고법이 제정됐으나 별 효과가 없는 실정이다. 아르헨티나의 하루는 부패로 시작해 부패로 끝난다.

인터뷰 | 좌익정당 지지자 **크리스티앙** |

크리스티앙은 19세로 부에노스 아이레스대학 철학과를 다니는 학생이다. 부에노스 아이레스 시내 대통령 관저 앞에 있는 오월광장에서 근로자 사회주의 운동당(TUST) 플래카드를 걸고 연좌시위를 벌이고 있는 그에게 다가가 질문을 던졌다. 처음에는 경계하며 이름을 밝히지 않고 응했는데, 인터뷰 후 자신의 이름을 크리스티앙이라고 소개했다.

- 왜 시위하는가?

"군사정권 시절 실종된 3만 명의 인사들의 행방을 찾고 이들을 명예회복 시켜야 한다는 문제제기를 하고 있다. 이들의 인권이 회복되어야 더 이상의 인권 유린이 일어나지 않는다. 지금 아르헨티나는 위기다. 일거리를 잃고 쫓겨나는 시민들, 세금이 너무 올라 생활이 나빠지는 사람들이 대부분이다."

- 지난해 말 델라루아 대통령이 들어선 뒤 경제가 더 나빠지고 있다는 얘기인가?

"그렇다. 메넴 대통령 10년간 긴축을 했는데 델라루아 대통령은 메넴 때보다 더 심하게 긴축을 하고 있다. 버스, 지하철, 기차요금 등이 지난주 일제히 70센타보에서 80센타보로 올랐다. 월급은 하나도 오르지 않았는데 공공요금이 이렇게 오르면 생활이 더 나빠진다."

- 긴축 이외에 대안이 있는가?

"경제모델을 바꾸어야 한다. IMF와 관계를 끊고 외채를 지불하지 말아

한다. 외채는 정당하게 생긴게 아니다. 군사독재가 만들어낸 것이다."

▶ 붉은색 플래카드 앞에 서 있는 세 사람 중 가운데가 크리스티앙이다.
  사진을 찍지말 것을 요구, 멀리서 촬영했다.

- **근로자 사회주의운동당은 어떤 당인가?**

"좌익정당연합체다. 우리는 근로자 사회주의를 위한 정책을 펴야 한다. 아르헨티나에는 이같은 좌익정당이 전국정당으로는 3개, 지방에 산재한 군소정당은 더 많다."

인터뷰 | 체 게바라주의자 레안드로 벨라스코 |

레안드로 벨라스코는 올해 26세로 라플라타 국립대에서 지리학을 전공하는 학생이다. 자신을 자신있게 '체 게바라주의자'라고 소개한다. 부에노스 아이레스 대통령궁 앞 오월광장에서 동료들과 체 게바라 깃발을 들고 시위를 벌이다 인터뷰에 응했다.

― 왜 체 게바라 깃발을 들고 시위하는가. 체 게바라가 대안인가?

"그렇다. 좌익이 힘을 합해 국가를 바꾸는게 유일한 해결책이라고 생각한다."

― 지지정당은?

"아르헨티나 공산당이다."

― 아르헨티나에서 좌익정당이 얼마나 지지를 받고 있는가?

"지난해 말 선거에서 50만 표를 얻었다. 부에노스 아이레스에서만 하원의원이 5명 당선됐다."

– 공산당이 추구하는 모델은 어떤 것인가?

"외채지불을 정지하는 것, 부자가 부자를 위해 정치를 하도록 하지 말고 근로자가 근로자를 위한 정치를 하도록 해야 한다."

– 페론처럼 하려는 것인가?

"페론은 부르주아적 민족주의를 지향했으나 우리는 민중을 위한 정치, 포퓰리즘을 추구한다."

– 세계적으로 공산주의 체제가 붕괴됐고 이념 또한 효력을 잃었는데, 아르헨티나에서는 여전히 대안이 된다고 보는가?

"라틴 아메리카에서는 좌익이 살아나고 있다. 브라질의 노동자당, 콜롬비아의 좌익정당처럼 아르헨티나에서도 힘이 점차 커질 것이다."

외국금융기관의 천국 부에노스 아이레스

부에노스 아이레스 시내를 다니다 보면 가장 많이 눈에 띄는 게 외국계 은행의 간판이다. 노스 뱅크(North Bank), 시티 뱅크(Citi Bank), 스위스 뱅크(Swiss Bank), 프랑스 뱅크(France Bank) 등등 시내 건물의 1, 2층은 대개 외국계 은행 지점들이 차지하고 있다. 아르헨티나 사람들에게 외국계 은행은 더 이상 이질적인 곳이 아니다. 아르헨티나에는 60여 개의 외국은행들이 성업중이고, 아르헨티나 국내은행은 30여개밖에 되지 않는다.

10년 전 아르헨티나의 인플레 악몽을 기억하는 사람들은 페소보다 달러를 선호하기 시작했고, 걸핏하면 예금 동결을 선언한 아르헨티나 국내은행보다는 외국은행에 저금하는 것을 선호했다.

현지인들에 따르면, 아르헨티나 국내은행은 나치온 뱅크(Nacion Bank) 등 손을 꼽을 정도이고, 일반인들의 인식도 별로 좋지 않다고 한다. 그나마 메넴 정부가 들어서면서 강제로 1달러 1페소 공식을 만든 후에는 국내은행의 신용이 좀 생겼지만, 외국계 은행을 더 신뢰하는 게 일반 풍토라는 것.

아르헨티나의 부유층들은 부에노스 아이레스에 지점이 있는 외국계은행에 저금을 하는 것에 만족하지 않고 직접 국외에 통장을 개설, 거액을 도피시켜 놓고 있다는 게 정설이다. 이같은 추세는 메넴 대통령의 외환자유화정책 이후 확산되고 있다.

외환자유화로 외국에 송금하는 게 자유롭다 보니 어느 정도의 달러가 해외로 유출됐는지는 아무도 모른다. 다만 외국의 은행에서 잠자고 있는 달러는 아르헨티나 외채인 1천 4백억 달러 수준을 훨씬 상회할 것이라는 게 이곳 언론의 추산이다.

국민은행 부에노스 아이레스의 정낙종 지점장은 "아르헨티나의 외채 1천 4백억 달러의 70%에 해당하는 금액이 해외 은행에 잠자고 있다는 게 이곳 금융전문가들의 상식"이라고 말했다. 정 지점장은 또 "이 나라 국민들 가운데 산다는 사람은 누구나 미국, 멕시코, 브라질, 우루과이, 스위스에 구좌를 갖고 있다"고 전했다.

특히 부에노스 아이레스의 라플라타 강을 국경선으로 인접해 있는 우루과이는 '남미의 스위스'라고 불린다. 우루과이의 수도 몬테비데오는 아르헨티나 거부들의 외화 도피처로 유명하다. 메넴 정부 출범 직후인 90년 여름 외환 보유자들은 우루과이 몬테비데오 은행에 약 30억 달러로 추산되는 외환을 이전시켜 메넴 정부를 당혹스럽게 한 바 있다.

그 이후 외환 도피액이 얼마나 늘었는지는 집계되지 않고 있다. 아르헨티나라는 국가는 외채 압박으로 파산위기에 있지만 국민들은 국가의 위기에 아랑곳하지 않고 거액의 외화를 해외로 빼돌린 채 살고 있는 것이다.

인터뷰 | 야당 정치인 **루이스 루베오** |

루베오 상원의원(64)은 야당인 페론당 소속으로 21년째 상원의원을 하고 있으며, 라틴아메리카 의회 아르헨티나 지부 집행이사이다. 1994년 국회 초청으로 한국을 방문한 바 있다.

― 현재 총체적 위기라고 하는데, 어떻게 보는가?

"실제적으로 총체적 위기이다. 경제적 위기가 지배적이고 정치적 위기도 크다. 기업인과 정치인들의 분위기가 좋지 않다. 정책을 펼만한 분위기가 아니다."

― 위기라고 하면 대안을 마련해야 하는데, 어떤 방안을 모색하고 있는가?

"효율적으로 대안을 마련하기 어려운 상태다. 불만감이 가속적으로 퍼지고 있어 지도층에서 압력을 받고 있다."

― 페론당은 메넴 대통령 시절 집권당이었는데, 구체적으로 어떤 대안이 있는가?

"메넴 전대통령이 우리 당의 총재이다. 메넴 집권시 미국과 아르헨티나는 동맹관계를 맺어 우호적 관계를 유지해 왔다. 그런데 델라루아 대통령은 미국과 상당히 애매모호한 관계를 유지하고 있다. 현정부는 지금 남아 있는 국영기업의 재정적자를 줄이지 못하고 있다. 세금을 올리는 정책을 펴 반발을 사고 있다.

정부가 해야 할 일은 탈세자가 납세하도록 해야 하는 것인데, 이것을 안 하고 있다. 정부가 해야 할 일은 세금을 내리는 등 장려정책을 펴야 한다. 또한 국가, 주, 시의 공공조직 규모를 축소하고 인원을 감축해야 한다. 또한 경제적으로는 중앙은행에 예치해 놓은 360억 달러를 경제살리기에 동원하기 위해 미국 달러를 공식화폐로 삼아야 한다."

- 미국 달러를 아르헨티나 공식화폐로 삼을 경우, 통화주권이 상실되지 않는가?

"진정한 국가주권 상실은 해외자산을 유입해 외채를 갚는데 쓰는 것이다. 국가주권은 종이로 지폐를 만드는 데서 나오는게 아니라 국민이 행복할 수 있도록 정책을 펴는 데서 실현된다. 메넴은 10년 집권하면서 3천억 달러 상당을 유치해 경제를 활성화했다."

- 1달러 1페소를 계속 유지할 것인가?

"그것을 유지하지 않을 경우 혼란이 온다. 더 좋은 방법은 달러를 공식화폐로 삼는 것이다. 이것이 페론당의 공식입장이고, 앞으로도 계속 추진할 것이다. 페론당 정권의 성공 열쇠이다."

- 페소화가 과대 평가되어 물가가 높다는 지적이 많은데…

"달러를 공식화폐로 하면 그 문제도 사라질 것이다. 우리는 1 : 1 환율을 유지했음에도 불구하고 국가신용도가 낮아 차관 도입시 높은 이자를 지불

해야 했다. 달러화를 공식화폐로 하면 이런 문제도 사라진다."

- **페론당과 노조의 관계는 어떤가?**

"아주 좋다. 어떤 면에서는 페론당이 노조운동 창시자이다. 노조가 합법성을 얻은 것이나 지금 노조가 막강한 영향력을 지니고 있는 것은 페론당이 지지해줬기 때문이다. 지금 노조의 파업을 이해한다. 투자도 없고 일자리도 없고 공공요금도 올랐다."

- **정치인의 부패 해결방안은 무엇인가?**

"실제 아르헨티나의 부패도는 높다. 부정부패를 척결해야 하는데 각 정당들이 해결책을 내놓아야 한다. 페론당에서는 집권 때 부정부패 척결에 공헌했는데 메넴정권 때 국가 개혁을 위해 부패가 심한 기업을 팔아 해결했다. 99년 모든 정치인들은 의무적으로 재산신고를 하도록 법이 제정됐다. 일반 국민들은 여기에 많은 기대를 걸고 있다. 페론당에서 해결한 부정부패의 대표적인 케이스는 페소의 평가절하를 통해 가난한 사람들의 호주머니에서 돈을 꺼내는 것을 해결한 것이다."

인터뷰 | 여당 정치인 마르셀 스튜브린 |

마르셀 스튜브린 하원 외교위원장은 집권 래디칼당 소속이다. 1966년 아르헨티나 군부 쿠데타 시절부터 정치에 투신, 래디칼당 청년 지도자 모임을 구성해 왔고, 라울 알폰신 전 대통령을 근거리에서 보좌했었다.

- 알폰신 대통령의 정치개혁이 실패로 끝났다는 평가에 대해 어떻게 생각하는가?

"알폰신 전대통령은 아르헨티나 민주주의를 위해 큰 역할을 한 인물이다. 알폰신은 탁월한 정치가이며 정치도 잘했다. 알폰신은 대통령직에서 물러난 뒤 현재 래디칼당 총재 역할을 하고 있다. 래디칼당은 지난 세기에 창당, 민족주의에 바탕한 정당이고, 이 나라 민주주의에 큰 역할을 해왔다. 알폰신은 낭만적이고 열정적이며 세심한 정치인이다."

- 아르헨티나가 위기에 처해 있다는 얘기가 많은데…

"정치위기는 경제회복이 빠르게 이뤄지지 않아 일어나는 것이다. 현재 체감적으로 경제가 후퇴된다는 느낌을 주지만 위기는 아니다."

― 위기가 지금 말한 것처럼 단지 정치권만의 것이 아니라 사회 전체적인 것이라는 지적이 있다. 젊은이들이 이민을 떠나는 것도 그렇고…

"아르헨티나는 라틴 아메리카에서 이민자 수가 가장 적다. 심각한 수준은 아니다. 지금 떠나는 사람들은 스페인, 이탈리아계 후손인들인데, 현재 아르헨티나에는 볼리비아 등지에서 들어오는 사람들도 많다."

― 페론에 대해 어떻게 보는가?

"그가 문제되는 것은 2번째 임기다. 그때 여러 가지로 모순적이었다. 굉장한 정치폭력이 시작됐고, 페론당 내분이 전국적으로 확산됐다. 아르헨티나의 비극 시대였다. 결국 2차 페론시대는 라틴아메리카에서 가장 폭력적인 쿠데타로 끝나게 됐다. 페론은 포퓰리즘의 리더였고, 페론주의자가 생각하는 것보다 더 보수적이었다. 동시에 적들이 생각하는 것보다 더 진보적이었다. 당시 아르헨티나는 세계 부국중의 하나였고, 많은 것을 분배할 수 있는 시기였다. 그러나 지금 세계에서 아르헨티나는 자기 자리를 찾기 위해 애를 쓰는 나라가 됐다."

― 메넴 전대통령을 어떻게 평가하는가?

"메넴은 첫 두해 동안은 잘 한 게 없었다. 초인플레가 있었는데 그 다음부터 영리하게 움직여 나갔다. 그렇지만 실업률을 15%, 외채를 1천 5백 억 달러로 늘린 것은 잘못이다. 모든 것을 팔고 공공지출을 늘렸다."

― 메넴과 델라루아를 비교한다면, 메넴은 효율적이나 부패했고, 델라루아는 비효율적이지만 청렴하다는 평이 있는데…

"메넴은 부정부패할 뿐만 아니라 경제정책의 기초부터 잘못했다. 그러나 델라루아는 국제여건이 너무 나빠 상황이 꼬인 것이지 무능한 것은 아니다."

미래에 대한 불안, 동요하는 사회

부에노스 아이레스 대학 경제학과 4학년생인 엠마누엘 비달(22)을 대학 캠퍼스에서 만났을 때 그는 "아르헨티나 최고학부를 다니는 나나 내 친구들이 졸업 후 할 수 있는 일이 택시 운전뿐이라면 떠나고 싶지 않겠는가"라고 반문했다. "전공을 살려서 일하고 싶지만 대부분의 사람들이 전공과 상관없는 일을 하는 현실이 싫다"고 덧붙였다.

직업을 구하지 못해 길을 헤매는 젊은이는 엠마누엘뿐만이 아니다. 정부의 공식실업률은 14%. 남미 국가중 최고 수준이지만 엠마누엘이 느끼는 체감 실업률은 더욱 크다. 실제 실업률은 30%를 넘을 것이라고 말한다. 앞서 졸업한 선배들 가운데 변변한 직업을 찾은 사람이 하나도 없기 때문이다. 부유한 집 출신이거나 정치인과 줄을 댈 수 있는 극소수의 학생을 제외하면 말이다.

엠마누엘의 절망은 이곳에서는 대수롭지 않은 일상이다. 학생들이 최근 들어 급격하게 좌파사상으로 경도되며 "미국과의 고리를 끊자"는 주장을 하고 있는 것도 갈수록 악화되는 경제현실에 대한 반작용 때문이다.

부에노스 아이레스 시내 대통령 관저 앞에 있는 오월광장에서 시위를 하고 있는 학생들과 마주쳤다. 근로자 사회주의 운동당(TUST)

플래카드 아래에 앉아 있는 남학생 크리스티앙(19). 부에노스 아이레스대 철학과에 다닌다고 자신을 소개하면서 경제에 대한 얘기부터 꺼냈다.

아르헨티나의 위기를 극복하기 위해서는 더 이상 미국에 끌려다니지 말고 경제모델을 바꾸어야 한다는 게 그의 주장이다. IMF와 관계를 단절해 외채를 지불하지 않아야 한다고 서슴없이 말했다.

▶ 부에노스 아이레스 '7월 9일 광장' 한가운데 위치한 오벨리스크.
  땅거미 지는 부에노스 아이레스의 풍경은 아르헨티나의 현재 모습을 상징한다.

크리스티앙 옆에 앉아있는 학생들에게 존경하는 사람이 누구냐고 물었더니 "체 게바라"라고 합창했다. 정치인을 어떻게 보는가 물었더니 "정치인이 되는 순간 재산이 불어나는 자"라고 대답했고, 기업인에 대해서는 "해외로 재산을 빼돌리는 사람들"이라고 말했다. 이들은 자신의 이름이 마리아나, 알리시아, 페르난도라고 소개했고, 대개 부에노스 아이레스 대학 저학년생들이었다.

대학생 세력과 좌파정당을 중심으로 제기되고 있는 외채지불정지 주장은 물론 아직까지 아르헨티나에서 주류의 흐름은 아니다. 그러나 날로 높아가는 실업률, 경제난 속에서 이같은 주장은 점차 세를 넓혀가고 있다.

99년 12월 취임한 델라루아 대통령도 대선 때 '부익부 빈익빈 현상의 타파'를 캐치프레이즈로 내걸어 당선된 좌파연합 출신이기 때문에 지난해부터 좌파세력들의 발언권은 점차 강해지고 있는게 현실이다.

학생들의 지적처럼 아르헨티나 외채는 76년 군부 쿠데타 직전 8억 3천만 달러 수준이었으나 83년 민정이양시 45억 달러로 불어났고, 88년 알폰신 대통령이 사임할 때 6백억 달러가 됐다. 이로부터 13년 후인 2001년 외채는 1,450억 달러. 군부정권 때 들여온 외자는 국내투자보다 해외 자본도피용으로 쓰여졌고, 메넴 정부 때의 무차별한 국영기업 해외매각도 외채 줄이는데는 별다른 효험이 없었다는 게 현지 전문가들의 분석이다.

외국에서 들여온 돈이 경제재건에 쓰이지 않고 전용된 데에는 정정불안, 경제정책 부재에 기인한 바 크다. 1930년부터 1999년까지 재임한 역대 대통령 26명 가운데 임기를 다 채우고 물러난 사람은 후스토와 페론, 메넴 등 3명에 불과하다.

또한 이 기간중 경제정책을 총괄하는 경제장관은 모두 52명으로 평균 임기가 1년이 조금 넘는 수준이다. 한해가 멀다하고 경제장관이 바뀌는 데다 대통령은 임기를 못채우고 물러나니, 경제정책이나 사회정책이 제대로 될 리 없다.

이 때문에 아르헨티나는 1972년 이후 IMF로부터 주기적으로 구제금융을 받아왔다. IMF는 1972년 이후 98년까지 143억 달러의 구

제금융을 제공한 데 이어 지난해 12월 397억 달러를 지원했다. IMF
로부터 지원을 받으면 받을수록 아르헨티나는 IMF가 요구하는 정
책을 펼 수밖에 없었던 것은 자명하다.

이미 역사적으로 실패한 실험으로 판명난 사회주의 좌파운동이
젊은층을 중심으로 확산되고 있는 것은 아르헨티나의 경제파국과
정치불안에 원인이 있다. 또한 문제를 해결할 만한 대안세력이 없
는 상황에서 나타나는 절박한 움직임이기도 하다.

▶ 부에노스 아이레스 시내 대통령 궁 앞의 오월광장.
　갖가지 플래카드가 매일 새롭게 나붙으며 집회가 이곳에서 주로 열린다.

시민사회의 기반이 약한 아르헨티나에서 유일의 대안세력이었던
노조도 페론당의 전위대이자 노조간부들의 이권단체로 전락, 건설
적 기능을 하지 못해왔다. 오월광장에서 시위를 하던 여학생 마리
아나는 "노조 간부들이 관심을 갖는 것은 노동자의 실질생활 향상

보다는 롤렉스 시계이고 해외여행"이라고 꼬집으면서 "더 이상 노조에도 기대하지 않는다"고 했다.

좌파 군부독재와 우파 군부독재, 그리고 알폰신의 민정 경험을 모두 겪은 장년층 인사들은 "정치인도 기업인도 노조도 믿을 수 없다"며 비관적 전망을 하고 있는 가운데 일부 젊은층 학생들과 좌파 정당은 길거리로 나와 사회주의로의 전환을 주장하고 있다. 경제적 좌절감과 정치적 무력감이 팽배한 가운데 정치 아노미현상은 깊어만 가고 있다.

20세기 초 아르헨티나의 국민작가 리카르도 로하스는 "아르헨티나여 코마에서 깨어나라"고 절규했지만, 21세기 초 아르헨티나는 누적된 정치·경제·사회의 혼란 속에서 아직도 가사(假死)상태로 헤매고 있다.

남미병의 냉탕과 온탕
브라질
Brazil

브라질 | Brazil

남미 축구의 중심지이자 삼바춤의 고향으로 불리는 브라질은 남미 대륙 중동부에 위치한 남미 최대의 국가다.

면적은 851만 1,965 ㎢로 남한의 무려 80배에 달한다.

남미대륙이 스페인어를 공용어로 사용하고 있으나 브라질만은 포르투갈어가 공용어다. 브라질은 포르투갈인들이 식민개척을 한 반면 나머지 지역은 스페인 사람들의 식민지였기 때문이다.

아르헨티나령과 브라질령이 교차하는 이과수 폭포지역에 사는 한인 교포 가이드에 따르면 스페인어와 포르투갈어는 서로 사촌쯤 되기 때문에 조금만 익히면 의사소통을 하는데 무리가 없다고 한다.

브라질이 인근 아르헨티나, 페루, 칠레 등지와 1만 4,691㎞에 달하는 국경선을 접하고 있어도 각국 주민들은 별다른 불편없이 살 수 있다는 말이다.

인구는 총 1억 6천 950만명(2000년 기준)으로 이가운데 백인이 55%, 혼혈 38%, 흑인 6%를 차지하고 원주민은 1%에 불과하다. 화폐단위는 헤알(Real)화이다.

1인당 GNP는 2000년 기준 3,600달러이지만, 전국민의 60%가 빈민층으로 분류될 정도로 빈부격차가 극심하다.

또한 1천억 달러가 넘는 외채로 인해 만성적인 외환위기에 시달리고 있다.

1500년 4월 포르투갈인 페드로 알바레스 카브랄이 인도 항해중 발견했고, 1530년부터 포르투갈의 식민지로 유럽의 식량창고 역할을 했다.

1822년 독립했고, 1889년 브라질 공화국이 수립됐다.

이후 1백여년간 이어진 군사 쿠데타와 대통령의 실각으로 정정불안을 겪다 1985년 정권이 군부로부터 민간으로 이양됐고, 92년 사회민주당 재무장관 출신 페르난도 엔리크 카르도수 후보가 노동자당의 루이스 이냐시오 룰라 다 실바 후보를 누르고 대통령에 당선, 브라질의 새 시대를 열었다.

94년 대통령 연임을 허용하는 헌법개정안이 의회를 통과, 95년 1월 카르도수 대통령이 연임에 성공했다.

카르도수 대통령은 라틴아메리카 종속이론가이자 해직교수 출신으로도 유명하다.

남미병의 전형

　서북부에는 세계 열대 우림의 3분의 1을 차지하는 아마존이 있고, 동북부에는 세계 2위 생산의 철광석 등 광업자원이 풍부하며, 남부에는 설탕 생산 세계 1위, 콩과 축산 세계 2위, 옥수수 세계 3위의 천혜의 곡창이 펼쳐진다. '신은 브라질인'이라는 브라질인들의 자부심에 수긍이 간다.

　그러나 21세기를 브라질의 세기로 만들고 싶었던 브라질인들의 야망은 적어도 아직까지는 허망에 불과하다. 브라질은 세계 6위의 항공기 수출국, 세계 6위의 군수품 수출국이지만, 빈부격차 면에서도 세계 1위다. 인구의 60% 이상이 빈민층으로 분류되고, 최고 부유층 1%의 소득이 저소득층 50%의 소득과 맞먹는다.

　게다가 선거권자의 40%가 문맹자이거나 준문맹자이고, 선거권자의 68%가 초등교육을 이수하지 못한 상태다.

　미국 조지타운대의 조지프 페이지 교수(법학)는 "<벨인디아>라는 말로서 브라질의 현실을 쉽게 설명할 수 있다"고 말한다. 기술수준이나 경제규모는 벨기에 급이지만, 사회발전은 인도 수준이라는 얘기다.

　브라질의 군부통치와 지난 85년 시작된 민주화 과정은 우리나라의 경험과 유사하다. 다르다면 브라질이 민주화 이후 경제위기를 우리보다 여러번 더 겪었다는 점이다. 87년에는 모라토리엄(외채상환 유예)을 선언했고, 94년에는 6천%에 가까운 초인플레를, 그리고 98년과 99년에는 잇따른 외환위기를 치렀다.

위기를 겪을 때마다 브라질 정부는 사회·경제제도 개혁을 외쳤으나 잇따른 대통령의 유고로 일관된 개혁정책을 펼 수 없었다. 군소정당 난립도 개혁을 지체시키는 요인이다. 브라질 정당들은 오랜 중앙집권 전통 속에서 그저 이해집단의 매개수단으로 역할해 거대정당을 형성하지 못했다. 따라서 의원들에게는 개혁입법은 안중에도 없었다.

▶ 2000년 12월 민영화된 상파울루 주 은행. 과거 브라질 주정부들은 주 은행들을 방만하게 운영, 국가재정 위기를 초래했다.

언론인 겸 사회학자인 길송 슈와르츠는 "경제정책 방향에 대한 진지한 논의와 검토가 필요한 시기에 정치인들은 정권다툼만 하면서 귀중한 시간을 낭비했다"고 지적했다.

95년 취임한 카르도수 대통령은 군소정당들의 벽을 넘어 중도우파 연립을 구성하여 개혁을 추진해 나간 지도자다. 도저히 불가능하리라고 여겨졌던 브라질의 재정개혁, 공기업 민영화, 사회보장제도 개혁을 실천에 옮겼다.

94년 7월 도입한 '헤알 플랜'에 따라 물가는 안정되어 갔고, 통신사업의 민영화와 각 부문의 외국인 투자가 급

▶ 페르난도 카르도수는 종속이론가이자 해직 교수 출신 대통령이다.

증하면서 98년 초 브라질의 외환보유고는 700억 달러를 육박하고 있었다. 브라질인들은 21세기를 목전에 두고 '미래의 나라'의 꿈이 진정 실현될 것을 확신하기 시작했다.

그러나 헤알화를 미국 달러화에 좁은 변동폭 하에서 연동시킨 정책은 서서히 브라질 헤알화의 고평가를 초래해 경상적자가 심각해지고 있었다. 고질적인 재정적자를 해결하지 못한 상태에서 경상적자마저 커지고 있는 상황은 브라질에 심각한 위협이었다. 하지만 카르도수는 헤알화의 평가절하를 결정하지 못했다.

카르도수는 개혁을 완수하기 위해서는 시간이 더 필요하다며 대통령 중임 허용을 호소, 헌법을 고쳐 재집권에 도전하고 있었다. 재무장관 당시 헤알 플랜을 입안했던 카르도수가 자신의 최대업적인

인플레 억제 신화를 무너뜨리고 싶지 않았던 것이다.

그러나 카르도수의 정권욕은 결국 위기를 부르고 말았다. 그해 8월에 불어닥친 러시아 위기 이후, 환공격은 재정·경상적자가 큰 브라질로 집중되었고, 광란의 외화유출이 시작되었다.

시간을 버는데 가까스로 성공한 카르도수는 10월 대통령 선거에서 승리했고, 그 직후 국제통화기금(IMF)과 협상을 본격화해 11월 금융지원협정을 체결했다.

브라질 위기는 시작에 불과했다. 99년 1월 1일 카르도수가 집권 2기를 맞은 지 1주일도 못되어 브라질 제3의 주인 미나스제라이스주가 연방정부에 대한 부채상환을 일방적으로 유예한다고 선언했다.

브라질 경제는 마비상태로 빠져 들었고, 브라질 정부는 1월 13일 헤알 플랜을 포기하고 자유변동환율제를 도입했으며, 환율은 2배로 뛰어올랐다.

미나스제라이스주의 신임 주지사는 다름아닌 카르도수의 전임 대통령인 이타마르 프랑쿠였다.

마링가대의 마시에루 질마르 교수(경영학)는 "프랑쿠는 카르도수를 시기해 반기를 들었다"며, 정치인들간의 반목이 결국 경제위기를 초래했다고 개탄했다.

악운의 연속

현대 브라질사에서 민선 대통령으로서 임기를 다 채우고 떠난 사람은 지난 60년대 초 퇴임한 주셀리노 쿠비체크 대통령뿐이다. 그의 뒤를 이어 집권한 자니오 콰드라도스는 1년도 채 못되어 갑자기 의문의 사임을 결정했고, 그를 승계한 주앙 굴라르는 좌익 성향의 정치를 펴다 64년 군부 쿠데타를 맞았다.

군부는 80년대 초 경제악화 속에서 정권을 민간인에게 이양키로 결정하였고, 당시 국민의 추앙을 받던 야당지도자 탕크레두 네비시가 압도적인 지지로 대통령에 당선되었다. 85년 1월 1일 새해 첫 번째 태어난 아이의 이름도 그의 이름을 따 '탕크레딩요'라고 지어졌을 정도였다. 그러나 이 아기는 3개월도 못되어 리우데자네이루의 슬럼가에서 폐렴과 탈수로 사망한다.

나쁜 징조였을까. 75세의 네비시 대통령 당선자는 갑자기 병을 앓고 취임을 하루 앞두고 개복수술 끝에 숨을 거둔다. 파란의 브라질 정치 운명 앞에서 브라질인들은 다시 절망에 떤다. 또다시 부통령의 승계가 이어진다.

그러나 민선시대 첫 대통령에 취임한 주제 사르네이는 원래 군부지지 인사였고, 네비시가 국론을 모으기 위해 일부러 선정한 러닝메이트였다. 사르네이에 대한 정통성 시비는 그가 임기를 마칠 때까지 끊이지 않는다.

　90년 3월 페르난두 콜로르 대통령이 취임했다. 39세의 젊은 지도자로 개혁신념에 가득찼던 그는 동북부 지역의 가난한 알라고아스 주에서 주지사를 역임하며 명성을 날렸던 인물이다. 연방정부 축소, 공기업 민영화, 시장경제 도입을 추진했으나 선거 재정참모를 둘러싼 스캔들로 인해 92년 '브라질 최초로 탄핵받은 대통령'이라는 불명예를 안고 퇴진했다.

　또다시 부통령이었던 이타마르 프랑쿠가 자리를 승계한다. 대중인기에 연연한 지도자였던 프랑쿠는 브라질 경제를 최악으로 몰고 가 94년 상반기 인플레는 6천%를 육박했다.

　페르난두 엔리케 카르도수 현대통령은 프랑쿠가 임기 말에 재무장관으로 기용했던 인물로 지난 95년 1월 대통령에 취임했다. 이어 그는 중임제 개헌을 거쳐 99년 1월 집권 2기를 맞았다. 그는 쿠비체크 이후 40년만에 처음으로 임기를 채운 민선 대통령인 셈이다.

인터뷰 | 상파울루대 정치학 교수 마리아 킨주 |

상파울루대 정치학과의 마리아 달바 질 킨주(53) 교수는 브라질 정치학의 권위자다. 『브라질의 대의정치와 선거제도』(1980), 『브라질의 성장과 발전 : 카르도수의 진정한 장벽』(1995) 등의 저작을 펴냈으며, 지난 94년 한국을 방문한 바 있다.

— 브라질 개혁의 속도가 더딘 이유가 무엇인가?

"20여개의 군소정당이 난립하는 상황에서 정치적 합의를 이루기가 어렵다는 데 한계가 있다. 당이 많으면 개혁정책을 펴는데 거부권자가 많아지게 되고, 변화를 이룬다는 것이 지극히 어려워지는 법이다."

— 개혁을 처음 거론한 인물은 콜로르 대통령이었는데…

"콜로르 대통령은 뚜렷한 개혁 비전을 가진 인물이어서 처음엔 폭발적인 지지를 얻었다. 그러나 그는 의회 의석의 10%밖에 갖지 못한 자유당 소속이면서도 통치 스타일이 너무도 권위주의적이었고, 부정부패에서 벗어나지 못해 그의 개혁은 실패하고 말았다."

― 현 대통령인 카르도수는 콜로르와 어떤 점에서 다른가?

"사회학자로서 해외에서 더 잘 알려져 있던 카르도수는 브라질 과거 정치사에서 많은 것을 배웠다. 브라질에서 개혁대상인 사항들은 대부분 헌법에 묶여 있었다. 헌법을 개정하려면 폭넓은 지지를 끌어내야 했다. 카르도수는 그 역시 작은 당을 이끌고 있었지만, 중도우파 연립을 구성하는 데 성공했다."

― 카르도수의 개혁에서 가장 힘들었던 부분은?

"공공부문을 축소시키는 재정개혁, 통신·철강 등 공기업의 민영화가 가장 혼란스러웠다. 무엇보다도 중요한 것은 개혁과정에서 연립정부를 기초로 해 정치적 합의를 유지시켜 나가는 일이었다."

― 개혁과정에서 사회의 반발은 없었는가?

"노조와 빈민층의 반발이 컸다. 카르도수는 이들과 정면으로 협상해 설득을 시도했고, 최후에는 의회의 지지를 기반으로 자신의 정책을 그대로 밀고 나갔다."

― 카르도수의 개혁을 성공적이라고 보는가?

"아직 단언하기 어렵지만 협상을 통한 신중한 개혁이 필요한 것만은 사실이다. 그의 개혁 스타일은 장기간에 걸친 점진적 개혁인데, 지금까지의 놀라운 성과는 개혁에 대해 보는 시각들이 '부정적'에서 '긍정적'으로 많이 변했다는 것이다."

종속이론가 카르도수의 정치적 리더쉽

개혁의 실종은 위기를 부르지만, 간혹 위기는 개혁을 가능케도 한다.

브라질의 98년 위기는 국내총생산의 7%를 넘어섰던 재정적자가 출발점이었고, 브라질의 개혁은 거의 언제나 재정수지 균형에 초점이 맞추어져 왔다.

일찍이 복지국가 개념이 도입된 브라질에서는 남자는 공직에서 35년, 여자는 25년간 근무하고 나면 언제든지 퇴직하여 현역과 똑같은 액수의 연금을 받도록 되어 있었다.

그래서 많은 브라질 남자가 50대 초에, 그리고 여성은 40대 후반에 퇴직하여 여생을 즐겼다. 그러나 인구증가율은 떨어지고 의학이 발달해 노년층이 많아지면서 연금제도를 지탱하기 위한 재정부담이 눈덩이처럼 불어났다.

카르도수 대통령은 "한창 일할 나이에 퇴직하는 사람은 가난한 사람들의 세금을 먹고 사는 건달"이라고 비꼬았다. 그는 인플레의 원인을 제공해온 연금제도를 개혁하려 했지만, 번번이 의회에서 거부당했고, 오히려 현행제도의 혜택을 보기 위해 사람들은 조기퇴직을 자청해 재정은 더 악화됐다.

그러나 연금제도 개혁법안은 98년 11월 초 브라질이 국제통화기금(IMF)과 금융지원협정을 체결하기 직전 의회를 통과했다. 현역과 똑같은 연금을 받으려면 남자는 근무연한 35년에 60세 이상, 여자는 30년 근무에 55세 이상이어야 퇴직할 수 있다는 더 강화된 내용이었다.

카르도수는 이어 월소득 1,200헤알(당시 약 1,000달러) 이상인 공직자의 연금부담률을 종전의 11%에서 20%로 인상하려 했다. 이렇게 하면 재정에서 연 48억 헤알을 절약할 수 있었다. 국가가 난국에 빠진 시기에 고위공직자와 정치인 등 지도층이 고통을 분담하자는 취지였다.

그러나 의회는 이를 거부했다. 브라질이 결코 IMF와 약속한 재정 긴축 목표를 달성할 수 없을 것이라는 불신이 팽배해지기 시작했다. 상파울루의 주식시장은 9.7%나 폭락했고, 뉴욕 주식시장마저 2.05% 요동쳤다.

이같은 신뢰위기에 결정타를 날린 것은 99년 1월 미나스제라이스 주의 모라토리엄이었다. 1월 6일부터 1주일간 9억 달러가, 그리고 12일 하루에 11억 달러, 13일엔 17억 달러가 브라질을 빠져나갔다. 13일에만 47억 달러가 나갔다는 비공식 통계도 있었다.

브라질국제경영인협회 소베치의 옥타비오 바호스 국장은 "지방정부들은 오랜 자치제도 속에서 누구의 간섭도 받지 않고 방만한 재정운영을 반복해 왔다. 지방정부들은 주은행이나 연방은행들로부터 자유롭게 차입할 뿐만 아니라, 연방정부의 보증 하에 해외개발차관, 상업차관을 마구 끌어다 썼다"고 설명했다.

과거 연방정부는 지방정부의 부채를 떠안아주는 관행을 반복했지만, 카르도수는 지방정부가 연방정부에 대한 부채를 상환토록 기강을 바로잡으려 했다.

모라토리엄을 선언한 프랑쿠 미나스제라이스주 지사는 리우데자네이루주 등 다른 주들을 규합해 카르도수의 재정개혁정책에 반기를 들기 시작했다. 경제는 파탄으로 치닫게 되었고, 카르도수의 정적들은 사임을 요구했다.

카르도수는 15일 헤알화 가치를 방어하기 위해 달러를 쏟아붓는 일을 포기하고 변동환율제를 채택했다. 또한 주정부들의 반란에 결코 굴하지 않고 재정긴축정책만은 포기하지 않을 것임을 강조했다. 다음날 상파울루 주가는 33.4%나 치솟았다. 브라질의 재정정책 방향에 대한 신뢰가 되살아난 것이었다.

이 와중에서 1월 20일 임시의회가 소집되어 연금부담률 개혁법안이 압도적 찬성으로 의회를 통과했다.

12월 법안에 반대한 의원들도 "국제금융계에 뭔가 보여주기 위해 찬성했다"고 말했을 정도였다. 지방정부들의 반란도 이런 분위기 속에서 결국 기세가 꺾이고 말았다.

브라질 경제에 대한 신뢰가 회복되자 브라질을 빠져나간 돈은 1월 말부터 돌아오기 시작했다.

카르도수 전기를 저술한 미국 루처스대의 테드 고츨 교수(사회학)는 "민주화 이후 브라질의 개혁은 위기감이 감도는 상황에서 잘 이뤄졌다. 위기가 없을 때는 각종 이익단체, 심지어 공무원들까지도 민족주의·민중주의·사회주의 구호를 외치며 개혁에 반기를 들었다"고 말한다.

상파울루대의 마리아 킨주 교수(정치학)는 "민주사회에서 개혁의 성공을 위해 절대로 필요한 것은 의회의 지지를 끌어내는 대통령의 리더쉽"이라고 강조한다. 카르도수는 개혁의 반대세력과 타협하지 않고, 위기를 역이용해 마침내 개혁과제 해결의 단초를 마련했다.

'뜨거운 감자' 내각제와 대통령중임제

우리나라에서 심심찮게 거론되고 있는 의원내각제 문제는 브라질에서도 지난 85~93년까지 8년의 세월을 소모시킨 정치쟁점이었다. 국민투표까지 거친 끝에 브라질은 결국 대통령제를 유지키로 했으나 논란은 여전하다.

브라질 지식인들은 군소정당이 난립하는 브라질 특유의 상황하에서 대통령은 의회내 세력 확보에 어려움을 겪을 것이고, 한번 대통령과 의회가 교착상태에 빠지면 정책마비가 초래될 것을 걱정했다. 85년 민주화 이후 제헌의회는 88년 새 헌법을 제정하면서 의원내각제로의 전환을 검토했지만, 찬반이 엇갈려 이를 93년 국민투표에 붙이기로 했다.

85년과 92년 대통령 유고상태가 반복되고, 부통령들의 무능력과 부패가 드러나자 의원내각제 지지자들의 주장은 설득력을 더해갔다. 대통령제는 임기가 정해져 필요시 즉각 정부 교체를 이룰 수 없으므로 국가위기 대응력이 약하고, 정부 위기가 체제 위기로 이어질 수도 있어 민주주의 경험이 짧은 나라에는 의원내각제가 적합하다는 것이었다.

결국 의회에서는 의원내각제에 대통령 직선제를 가미한 이원집정부제 도입에 거의 합의가 이뤄지고 있었다. 그러나 정작 국민투표 결과는 대통령제 55%, 의원내각제 25% 찬성으로 나타났다.

의원내각제가 지도자를 국민의 손으로 직접 뽑지 못하게 만드는 제도라는 대통령제 지지자들의 주장은 민주화와 대통령 직선제를 쟁취한 지 몇 년 되지 않은 브라질 국민에게 훨씬 잘 먹혀든 감정적 호소였다.

과거 장기독재를 경험한 중남미 국가들은 얼마 전까지 대통령 단임제를 고수해 왔다. 그러나 근년 들어 아르헨티나, 페루에서 보듯 중임제로의 전환이 지역내 추세가 되고 있다.

브라질도 예외가 아니다. 4년 임기로 취임한 카르도수 대통령은 차기 대선을 1년 앞둔 97년 중임제 개헌을 상·하 양원 의결로 통과시켜 재집권했다. 문제는 재선이 경제에 얼마나 기여했는가 하는 점이다. 카르도수는 4년이 너무 짧은 시기일 뿐만 아니라, '레임 덕' 현상이 금세 나타나 의회장악이 안되기 때문에 개혁을 추진하려면 시간이 더 필요하다고 강조했었다. 그의 말대로 재선 후 브라질에서는 사회보장제 개혁 등 지속적인 개혁이 이뤄지고 있다.

그러나 반대론자들의 시각은 다르다. 중임을 허용하면 대통령들은 재선을 위해 권력을 남용할 위험이 높다는 것이다. 카르도수는 재선을 의식, 적절한 시기에 평가절하 결정을 못내려 외환위기를 초래했을 뿐만 아니라, 재선 출마 기간에 필요한 개혁들이 오히려 늦춰졌다는 지적이다.

아이로닉한 것은 98년 카르도수 재선 직후 그가 소속된 사민당을 비롯한 여러 당이 다시 대통령 중임 금지문제를 논의하기 시작했다는 사실이다.

인터뷰 | 경제학 교수 안토니우 페나 |

주제 안토니우 가르시아 페나(37)씨는 상파울루 가톨릭대와 제툴리우바르가스대에서 경제학과 재정학을 수학한 뒤, 지난 86년 보스턴 브라질 은행에 입사, 현재 수석경제분석관을 맡고 있다. 금융가에서 널리 읽히는 월간 경제분석지 『브라질 추이분석』의 편집장이기도 하다.

― 브라질이 경제위기를 반복해 겪은 주원인을 무엇이라고 보는가?

"브라질 경제는 공공부문과 민간부문을 구별해 봐야 한다. 80년대 후반 이래 브라질이 겪은 경제위기의 주범은 정부의 방만한 재정운영에 있다."

― 민간부문은 효율적이라는 얘기인가?

"그렇다. 민간부문은 80년대 중반 이래 경제적 어려움을 겪으면서 구조조정을 치렀고, 고금리가 장기화하는 가운데 낮은 부채비율을 유지하는데 익숙해져 왔다. 또 민간부문은 공공부문에 비해 상당히 개방적인 마인드를 갖고 있다."

- 결국 경제위기의 책임이 모두 공공부문에 있다는 말인가?

"그렇게 볼 수 있다. 공기업과 연방정부, 지방정부의 방만한 운영이 문제였다. 위기 속에서도 공공부문은 구조조정을 단행하지 못했고, 정부는 지출을 결코 줄이지 못했다. 여기서 고인플레가 발생해 재정불균형에 대한 치유가 마냥 늦어지고 말았다."

- 재정문제에 정부가 직접 나선 것은 언제부터인가?

"94년 헤알 플랜으로 인플레가 잡히자, 그간 인플레로 가려져 있던 재정적자 문제가 표면화했다. 그후 연방차원에서는 정부지출을 좀먹는 공기업들의 민영화와, 정부지출 축소에 어느 정도 성공했지만, 지방재정의 불균형은 그대로 방치되다 99년 위기가 온 것이다."

- 지방재정 문제는 해결될 수 있는가?

"매우 정치적인 사안이지만 낙관적으로 본다. 99년 초 이래 지방정부 재정에 대한 연방의 규제가 강화되었고, 주은행들이 거의가 민영화되었으며, 재정책임법이 발효되어 방만한 재정운영이 원천적으로 봉쇄되었기 때문이다."

- 브라질 경제의 전망은?

"브라질 경제는 지난 해에 이어 올해에도 4% 이상의 성장이 지속되고, 물가상승률도 5% 내외로 안정될 것이다. 얼마 전까지 기업인들은 좌파가 정권을 잡게 되는 경우를 걱정했지만, 나는 이젠 2002년 대선 결과 누가 집권하든 그간 이뤄진 성과가 유지될 것으로 믿는다. 따라서 경제전망은 밝다."

50년의 구태 벗기

　지난 90년 이래 10년간 점진적으로 추진된 브라질의 개혁은 과거 50년 동안 누적된 브라질의 구태를 벗어버리려는 시도였다. 과거의 브라질은 은행권과 기업활동을 정부가 틀어쥐고, 공기업이 모든 인프라를 제공하며, 산업과 농업을 보호하고 보조하는 경제구조를 갖고 있었다.
　이같은 소모형 구조가 남긴 유산은 지난해 5월 현재 2,500억 달러에 달한 대내외 부채였다. 1억 7,000만명의 국민이 1인당 약 15,000달러씩의 빚을 안고 있는 것이다. 따라서 10년간의 개혁은 온 구석을 뒤지며 군살을 빼는 과정이었다고 보아도 과언이 아니다.
　이런 개혁이 끝나고 나면, 정부의 역할은 교육과 보건, 빈곤퇴치·거시경제·대외경제 운영 등 일부 공공서비스에 국한되고, 민간투자자에게 자유시장이 맡겨진다.
　특히 미주지역 경제의 변화 속에서 브라질의 대외 지평선은 넓어지고 있다. 브라질은 아르헨티나·우루과이·파라과이를 아우르는 남미공동시장의 주역으로서 세계 4대 지역경제블록을 이끌고 있다.
　또 과거 유럽국가들이 2차 대전후 채택한 정책처럼 영미식 자유무역보다 '전략적 교역'을 택해 항공우주·자동차·생명공학·정밀기계 분야에 대한 연구개발투자와 과감한 외국인투자 유치로 국제

경쟁력을 높여나가고 있다.

그러나 이렇듯 깊어지고 넓어진 브라질 민간경제가 기대처럼 추진력과 효율성을 유지해갈지는 미지수다. 정치평론가 후안 데 오니스는 "사회에 만연된 부정부패가 공금의 실종, 부채누적을 불러왔음을 돌이켜보면 브라질의 미래건설에는 또다른 현실 대책이 필요하다"고 지적한다.

그간 브라질에서는 상당수의 신진 개혁가들이 27개 주와 수백개의 지방도시 곳곳에서 새 패러다임의 사회건설을 시도해 왔고, 일부는 성공해 세계의 주목을 받기도 했다.

주 단위에서는 브라질 동북부의 가난한 세아하주가 96년 미국에서 선풍을 일으킨 학술서『남방에 바로 선 정부』의 주인공이었다. 또 지난 99년 국제환경단체 월드워치가 펴낸 보고서『사람과 지구를 위한 도시창조』에는 브라질 남부의 쿠리치바시가 성공한 도시로 초점이 됐다.

쿠리치바시는 최근 우리나라에도 소개됐다. 카르도수의 전기를 집필한 고츨 교수는 "구태를 벗은 세아하주를 보면 카르도수가 그리는 비전이 무엇인지 짐작할 수 있다"고 말한다.

세아하주의 변화는 87년 사민당 출신의 타수 제레이사티가 지사로 취임하면서부터 시작됐다. 당시 파산상태에 이르렀던 세아하주는 그로부터 94년까지 브라질 경제가 연평균 1.3% 성장에 머무는 동안 연 4%의 놀라운 성장을 기록했다.

당시 파산의 원인은 예외없이 방만한 재정지출 때문이었다. 엽관주의, 정실주의 인사관행 때문에 실제로 일하지 않으면서도 월급을 받거나 두 세 곳에 이름이 올라있는 공무원이 수두룩했다.

제레이사티 지사는 공무원 명단 14만 6천명에서 27%인 4만 명을 추려내 자르고 모든 공직에 고시제를 도입했다.

또 관청이 주도해온 많은 사회복지 업무들을, '지역사회 스스로 돕기 운동'으로 대체하여 실적이 우수한 자원봉사 주민단체를 재정 지원하는 방식으로 전환했다.

관련 공직이 필요없게 돼 주정부 수입의 87%를 차지하던 인건비는 4년만에 절반도 안되는 41%로 떨어졌다.

경비만 절약된 것이 아니라, 더 중요한 것은 주민의식이 싹트기 시작한 것이었다.

마리아 킨주 상파울루대 교수(정치학)는 "일례로, 과거엔 가뭄이 닥쳐 연방정부와 주정부의 구호자금이 방출되면 '가뭄산업'이 등장해 각종 이권이 결부된 건설사업이 시작되고 자금은 옆길로 새나가기 일쑤였다. 그러나 새 정부는 가뭄대책을 농림부서에 맡기지 않고 사회사업부서에 일임했고, 사회사업부서는 주민단체들이 피해농가 생계를 돕기 위해 펴는 아동보호·의료·기계 대여사업을 지원해 자금 증발이 일어나지 않았다"고 설명했다.

세아하주의 개혁도 기득권자들의 방해로 순탄치만은 않았다. 그러나 새 바람을 떠받쳐준 사람들은 신세대 기업인들이었다. 이들은 주로 제조업과 서비스업에 종사하는 사람들로 수구적인 농산물 수출업자들과는 달랐다.

이렇듯 브라질의 사회민주주의는 유럽의 사민당들과는 달리 노동운동에 기초하기보다는 행정개혁가와 중산층 주민들의 손에 의해 조금씩 실현되고 있다.

카르도수 대통령의 공기업 민영화나 사회정책 사업들의 지방이관도 이러한 비전에 기초하고 있다. 그는 세아하주가 성과에 따라 주민단체를 선별해 지원했듯, 지방정부의 성과를 평가하려 한다. 미나스제라이스연방대의 클렐리오 캄폴리나 교수(경제학)는 "연방정부는 지방정부 다루기를, 마치 국제통화기금(IMF)이 금융지원대상국 대하듯 요구조건을 내걸고 그 이행을 감시한다"고 설명한다.

　브라질의 미래는 세아하주에서 일어난 주민의식이 국가 차원에서 얼마나 성숙한 시민의식으로 발전될 수 있느냐에 달려 있다. 당장 정치질서가 바뀐 것도 아니고, 책임 청렴 정치가 정착한 것도 아니며, 특히 극심한 빈부격차는 냉전이 끝난 이 시대에도 브라질에서 이데올로기 대립을 낳고 있기 때문이다.

집권 노리는 노동당

어린시절 애칭 그대로 '룰라'로 통하는 브라질의 노동당(PT) 지도자 루이스 이냐치오 룰라 다 실바(55).

금속공 출신인 그는 민주화 이후 처음으로 치러진 89년 대통령 직접선거에서 47%의 지지를 얻고도 자유당의 콜로르 후보에게 고배를 맛본 인물이다. 그는 94년과 98년에도 대통령선거에 출마해 25%, 33%의 득표율을 기록, 카르도수 현 대통령을 위협했었다.

98년 당시 카르도수의 사민당과 제휴했던 브라질 민주행동당은 당 소속인 전 대통령 프랑쿠가 다시 대통령선거에 출마하려고 하자, 표가 갈림으로써 룰라가 당선될 것을 염려해 그에게 미나스제라이스주 지사로 출마할 것을 권유했을 정도였다.

브라질에서 PT가 높은 지지를 받는 까닭은 무엇일까.

1930년대 브라질의 신국가 건설 운동을 폈던 제툴리우 바르가스 대통령은 브라질노동당(PTB)을 창당한 인물이다. 그는 이 당을 기반으로 1950년 재집권에 성공했을 뿐만 아니라 주앙 굴라르같은 후계자들도 배출해냈다. 그러나 그를 순수한 좌파라고 보기는 어렵다.

그러나 PT는 브라질 민주화의 산물이었다. 노조는 가톨릭 '기초공동체'의 풀뿌리 운동가, 지식인들과 함께 브라질 민주화과정에서 주역을 담당했고, 이들이 모여 당을 구성한 것이었다.

PTB와는 달리 정치인이 아닌 노동자들의 손으로 만들어진 점이 새로웠고, 민주화투쟁을 통해 이들이 보여준 정치지도력이 돋보였다. 그래서 PT는 세계적으로 사회주의가 몰락하는 와중에서도 인권과 교육·보건·사회사업 등을 내세우며 브라질의 대안으로 등장하기 시작했다.

그러나 최근의 선거 결과가 뚜렷이 보여주는 것은, PT는 경제가 어려운 시기에 득세했다는 점이다.

94년의 룰라 득표율이 낮았던 것은 헤알 플랜의 효력으로 경제안정이 이루어지던 시기였기 때문이고, 89년과 98년은 고 인플레와 외환위기로 사회적 불만이 고조된 시기였다.

오늘의 개혁의 성패와 PT의 성쇠는 서로 어긋날 운명이다.

인터뷰 | 노동운동가 주앙 바카리 네투 |

주앙 바카리 네투(43)씨는 브라질 전국노총(CUT) 부위원장과 노동경제연구원(DIEESE) 원장을 역임했으며, 현재 CUT 재무실장과 상파울루 금융노련위원장을 겸임하고 있는 노동계의 유력인사다. 그의 책상 위에는 혁명가 체 게바라를 본뜬 작은 형상이 놓여 있어 눈길을 끌었다.

- 강성으로 알려졌던 브라질 노조가 요즘은 약화된 듯한데…

"CUT는 군정시대인 70년대 창설되어 80년대 민주화의 중추 역할을 담당했다. 그러나 92년을 고비로, 경제불안과 기술도입에 따른 시스템의 변화가 대량실업을 야기시키면서 소속 노조원 수가 줄고 있다."

- 94년 이후 경제가 안정되지 않았는가?

"경제지표와 노동자의 생활 안정이 일치하지 않은 것은 소득집중이 야기됐음을 뜻한다. 정부가 추진해온 공기업 민영화 정책은 소득집중을 야기시킨 대표적인 사례다."

– 민영화 결과에 소비자들이 만족하지 않는가?

"교통·통신 등 사회 인프라사업들이 민영화된 후, 소비자들은 서비스는 나아지지 않으면서 가격만 올랐다고 생각하고 있다. 지난 94년 상파울로주 은행 민영화 계획에 노조가 처음 반대했을 때 이를 지지한 국민은 30%에 불과했지만, 지난해에는 60%에 달했다."

– 부실채권을 안은 은행을 청산해 예금자를 희생시키기보다 매각하는 편이 나았던게 아닌가?

"주객이 전도된 것이다. 잘못은 주정부가 저질렀는데 책임은 예금자들을 담보로 은행과 은행원들이 진 꼴이다. 주정부는 주은행을 금고로 간주해 정치자금 마련에 이용했고, 이를 문제삼는 은행 중역들을 해고했었다. 이를 묵인한 책임은 연방정부에 있다."

– 민영화 이외에 어떤 대안이 있었는가?

"우리는 주은행의 주인을 바꾸기보다 경영방향을 바꿔 산업을 지원하는 경제개발은행이 돼야 한다고 주장했다. 그리고 정치성을 배제키 위해 시와 주정부, 은행노동자들이 경영에 공동 참여하는 방식을 제안했었다."

– 결국 상파울로주 은행은 스페인의 산탄데르 은행에 36억 달러에 매각됐는데…

"국내재산을 팔아 외채를 갚는 것이 국제금융계의 요구이고, 정부의 방침이다. 그간 1천억 달러 가량이나 팔아치웠고, 전력과 석유 발굴 등 전략분야도 민영화 대상인데 우리에겐 큰 도전이다."

– 브라질 노조의 향후 방향은?

"글로벌시대 노조는 국가의 틀을 벗어나 세계 속에서 해결책을 찾아야 한다. 지역내 연대를 위해 남미공동시장 회원국 노조들과의 정기회합을 갖고 있고, 미주자유무역지대 출범에 반대하는 미주지역 노조운동을 펴고 있다. 다국적 기업내 다국연대노조도 구성해야 한다."

칠레 | Chile

칠레는 세계 최초로 자유투표에 의해 살바도르 아옌데 사회주의 정권을 탄생시킨 나라다. 아옌데정권은 출범 3년만에 아우구스토 피노체트 장군이 이끄는 군부 쿠데타로 붕괴됐지만 투표에 의한 사회주의로의 이행이 가능한가라는 정치학계의 오랜 논쟁을 입증시킨 첫 사례다.

칠레의 인구는 1,515만명으로 우리나라의 3분의 1 수준이지만 면적은 75만 6,950㎢로 남한의 7배에 달한다. 특히 남북의 길이가 4,200km인데 동서의 폭은 180km에 불과, 뱀장어처럼 가늘고 긴 나라다.

99년 기준 1인당 국민소득(GNP)이 4,390달러인 중진국이지만 인구 대부분이 백인인데다 교육수준도 남미에서 가장 높아 남미라기보다 유럽국가인 듯한 인상을 준다.

산티아고의 명물은 시내 어디서나 일년 내내 볼 수 있는 만년설이 뒤덮힌 안데스 산맥이다. 또한 산티아고 시내 산크리스토발 언덕에 위치한 높이 14m 성모 마리아상은 브라질 리우데자네이루 코르코바도 언덕에 위치한 높이 30m의 그리스도상과 함께 남미 대륙을 동서로 보호하는 대표적인 성상으로 꼽힌다.

페루를 정복한 프란시스코 피사로 장군의 부하인 페드로 데 발디비아가 잉카제국의 일부였던 칠레를 1541년 정복함으로써 스페인 식민지가 됐으며, 1810년에 독립했다.

독립 후 20세기 초까지는 정치적 불안정이 계속됐으나 1930년대부터 정당제도가 확립, 좌우파가 경쟁하는 가운데 경제개발과 사회복지정책이 확산됐다.

1970년 대통령선거에서 마르크스주의자인 살바도르 아옌데가 당선됨으로써 사회주의 정책이 본격화했다. 그러나 아옌데 정권은 〈산티아고에 비가 내린다〉는 영화에 그려졌듯 73년 9월 피노체트 장군에 의해 전복됐다.

이후 16년간 칠레는 피노체트 지배하에 미국식 자유개방경제정책을 채택, 경제개발에 전력했으나, 수많은 민주인사들이 투옥, 살해되고 의회는 해산되는 민주주의의 암흑기를 맞게 됐다.

89년 피노체트가 민정이양을 선언하면서 대통령 선거를 실시, 기독교 민주당의 파트리시오 아일윈이 당선됐고 의회도 재구성됐다.

민선 초대 대통령인 아일윈은 94년까지 집권하면서 군정의 잔재를 청산하는데 전력했으며, 93년 12월 대통령선거에서 당선된 에드워드 프레이 대통령은 지속적인 경제발전 및 민주주의 회복에 중점을 두었다.

2000년 1월 결선투표를 통해 당선된 리카르도 라고스 대통령은 아옌데 정권 붕괴 후 칠레에 들어선 좌파연합 출신 대통령이라는 점에서 관심을 모았다. 라고스 대통령은 군정 잔재의 완전한 청산과 민주주의의 회복을 중심 과제로 설정하고 있다.

부정부패가 적은 칠레

남미에서 가장 남미답지 않는 나라가 칠레다. 칠레 수도 산티아고 중심부를 걸어보면 남미라기보다 중부 유럽, 특히 독일의 한 소도시에 와있는 듯한 착각이 든다. 시내에서 만난 칠레 사람들의 표정에는 절도가 배어 있고 교통질서도 수준급이다.

칠레가 남미답지 않은 또하나의 특징은 이른바 '남미병'으로 불리는 부정부패를 찾아보기 어렵다는 점이다. 공무원 사회에서 뇌물은 통하지 않으며 부정부패는 더더군다나 찾아보기 힘들다.

칠레는 1인당 국민총생산(GNP)이 4,390달러에 불과한 개도국이지만 아우구스토 피노체트 군사독재기에 경제를 성장시키고 부정부패 문제를 해결한 덕분에 남미에서 성장가능성이 가장 높은 나라로 꼽히고 있다.

10여 년전 칠레로 이민온 뒤 제지업과 의류업을 하고 있는 교민 박춘식씨의 증언.

"이곳의 경찰이나 공무원들은 정말 청렴하다. 공무원들은 각종 인허가 사업에서 전혀 뒷돈을 받지 않는다. 교통신호를 어겼을 때 돈을 내밀면 망신만 당하고, 운수나쁘면 재판에까지 회부된다."

교통위반을 했을지라도 현금을 내밀지 말고 법대로 처벌받아야 한다는 것은 이곳 교민사회의 불문율이다. 교통위반으로 적발됐을 때 운전면허증 뒤에 지폐를 끼어 교통경찰관에 제시했다가 뇌물제공혐의로 재판까지 당했다는 교포들의 일화는 한 두 건이 아니다.

교통경찰뿐만이 아니다. 공무원도 청렴하다. 관료들은 뇌물성 선물이나 현금을 절대 받지 않는다. 호의를 표시하고 싶을 때는 부부동반 저녁식사 초대가 최선이라는게 현지 대사관 관계자들의 전언이다.

칠레 공직사회, 나아가 국가 청렴도는 국제적으로 인정되고 있다. 국제투명성기구가 2000년 발표한 국가별 부패지수를 보면, 칠레는 18위를 기록, 선진국인 프랑스(21위)나 일본(23위)보다 깨끗한 나라로 꼽혔다. 국민 1인당 GNP가 칠레의 두배인 우리나라의 경우 48위를 기록했다.

국가별 뇌물공여지수에서도 칠레는 19위를 기록, 비록 개도국이지만 청렴도 면에서는 선진국 수준이라는 것이 입증됐다. 여기서도 우리나라는 50위를 차지한 바 있다.

이곳 전문가들은 칠레가 이처럼 남미답지 않는 나라가 된 원인을 멀리는 19세기 초부터 확립된 의회민주주의제, 가까이는 아우구스토 피노체트의 독재에서 찾는다.

칠레중앙은행장을 역임한 아발로 바르돈「엘 메리쿠리오」지 논설위원은 칠레에 부정부패가 적은 원인을 이렇게 설명했다.

"칠레가 다른 나라에 비해 부정부패가 적을 것은 피노체트 집권시 사회가 부정부패하지 않도록 엄격한 정책을 펼쳤기 때문이다. 이것은 동시에 오랫동안 유지돼온 민주주의체제 덕분이다. 법을 존중해야 한다는 것은 칠레 사람들이 오래 전부터 지켜오던 관습이다. 이 나라에서 부정부패라는 것은 무언가 불쌍하고 지저분하고 나쁜 것이라는 인식이 깊이 박혀 있다."

피노체트 시대 군사재판소의 최고재판관을 지낸 피노체트의 측근 페르난도 토레스 실바 장군의 증언.

"칠레 군인들은 다른 나라 군인들과 달리 전통과 규칙을 중시한다. 피노체트는 부정부패를 멀리했고, 그 원칙을 사회에 각인시키기 위해 많은 노력을 했다. 이 원칙은 오늘날까지 지켜진다. 이것이 라틴아메리카에서 칠레가 가장 청렴한 나라가 된 원인이다."

전통적으로 칠레에서 부정부패는 '무언가 지저분하고 불쌍한 것'으로 인식되어온 데다가 피노체트 군사정부는 부정부패자에 대해 엄벌주의로 대응, 칠레 사회에서 부정부패는 아주 낯선 것이 됐다는 게 칠레 전문가들의 주장이다.

▶ 산티아고 시내 대통령 궁. 라고스 대통령이 일반시민들에게 개방했다.
매일 집무실 이외 공간이 일반인들에게 공개된다.
대통령 궁 외벽에는 피노체트 쿠데타 당시의 탄환 자국이 그대로 남아 있다.

산티아고에서 만난 칠레 사람들은 최근 지구촌 사회에서 남미의 위기가 회자될 때 칠레가 만성적인 정정불안을 겪고 있는 페루나,

만성적인 외환위기에 노출되어 있는 브라질이나 아르헨티나와 함께 남미국가군으로 분류되는 것을 아주 못마땅하게 여겼다.

칠레는 역사적으로나 지리적으로 여느 남미 국가와 다를 수밖에 없는 환경에 있었다는 게 이들의 주장이다. 우선 지리적으로 남미 대륙에 속해 있음에도 불구하고 북부는 사막, 동부는 안데스 산맥, 남서부는 바다여서 사실상 섬나라와 같기 때문에 여타 남미 국가의 좋지않은 제도가 파급될 가능성이 적었고, 1810년 스페인으로부터 독립한 이래 공화정을 유지, 법치주의가 확립되어 법을 통한 갈등 해결방식이 확립됐다는 주장이다.

칠레는 외형상 중남미 국가중 가장 개방되고 안정된 시장경제논리를 유지하고 있는 데다가 빈부격차도 남미 국가들에 비해 크지 않은 수준이다.

하지만 피노체트가 권력에서 물러난 지 10년이 지났어도 칠레에는 피노체트의 억압정치 유산이 그대로 남아있다. 산티아고 시민들은 아직도 군사독재시대 횡행한 '고발 관행' 공포에서 벗어나지 못하고 있고, 군사독재가 남긴 과거청산작업도 제대로 진행되지 않고 있다.

피노체트는 후진국 칠레를 외형상 부정부패가 없는 개도국으로 성장시켰지만 피노체트 이후 칠레 사람들은 독재가 개개인 내면에 남긴 정신적 상처를 치유하지 못한 채 21세기 새 아침을 맞은 것이다.

인터뷰 | 정치학자 알프레드 레렌

알프레드 레렌 교수는 칠레 가톨릭대학 정치학과 교수이며 정치학연구소 소장이다. 남미취재중 만난 학자와 지식인들 가운데 남미 포퓰리즘의 역사적 뿌리에 대해 가장 명쾌한 답변을 해준 인물이기도 하다. 레렌 교수는 칠레 정치학회 사무총장, 칠레 아메리카연구협회 회장을 맡고 있다. 가톨릭대학은 칠레 최고의 명문대학으로 산티아고 시내에 위치해 있으며, 칠레 정치계 관계의 주요 인사들이 모두 이 대학 출신이다.

레렌 교수는 인터뷰에 앞서 "칠레가 아르헨티나나 브라질 등 여느 남미 국가와 달리 19세기 초반부터 정당제에 의한 민주주의를 도입한 것이 오늘날 칠레 민주주의와 성공적 경제운용의 밑거름이 되었다"고 지적했다. 그는 피노체트 체제에 대해서도 "피노체트가 없었어도 칠레는 자유주의 경제철학에 따라 경제가 운용될 수 있었을 것"이라며 피노체트의 철권통치가 칠레 경제회생의 필요조건은 아니었다고 지적했다.

그는 인터뷰에 앞서 칠레 정치상황에 대한 특수성을 다음과 같이 설명했다.

▲ 칠레 정치 상황의 특성

살바도르 아옌데 정권은 소수파 정권이었다. 59년 쿠바 혁명의 영향을 많이 받고 이뤄졌다. 쿠바는 민주주의를 경험해 보지 않은 나라이고 후진 공업국상태에서 사회주의로 전환됐다.

칠레의 좌파는 남미 좌파운동과 뿌리가 다르다. 칠레에서는 1930년대에 이미 사회당과 공산당이 창당됐고, 쿠바혁명 이전에 노동자들의 이해관계를 반영하는 노동운동이 조직됐다. 1917년 러시아혁명 이후 칠레 공산당이 라틴아메리카에서는 제일 먼저 조직됐고, 이어 공산주의 운동, 노동운동, 노동자 파업이 잇따랐다.

역사적으로 설명할 때, 칠레의 공산당은 노동운동과 연결되어 있었고, 사회당은 보다 민족적이고 독립적인 성향을 지녔다.

칠레의 상황이 다른 나라와 다른 점으로는 우선 1930년대 이래 정당체제가 확고하게 성립되어 모든 정치사회활동이 정당을 중심으로 이뤄졌다는 점이다. 칠레는 이미 1930, 40년대 사회주의와 공산주의 실험을 했다. 인민전선(1939~49) 경험이 그것이다. 따라서 아옌데 실험(1970~73)은 칠레 역사상 두 번째의 실험인 셈이다. 이같은 실험은 모두 정당을 바탕으로 이뤄졌다.

이 점이 정치가 정당체제에서 소화되지 않고 지도자 개인의 스타일이나 리더쉽에 의존하는 포퓰리즘이 칠레에서 발을 붙이지 못한 이유이다.

아옌데 정권은 사회당과 공산당 연합정권인데, 아옌데 정권이 들어서기에 앞서 1960년대 칠레에서는 상당히 광범한 사회변화가 이뤄졌다. 말하자면 개혁의 시기였다.

도시빈민그룹들이 개혁을 원하며 정치참여 욕구를 강하게 보였다. 또한 집권 기독교민주당은 1967년부터 토지개혁을 광범하게 실시해 칠레에 봉건적 사회질서가 남아있지 못하도록 했다. 기민당이 토지개혁을 실시한 것은 역사의 아이러니인데, 이것은 1958년 칠레의 가톨릭 교회가 토지개혁연구를 시작하면서 본격화한 것으로, 1964년 토지개혁법이 국회를 통과하면서 구체적으로 시작됐다. 당시 농촌지역에 살던 사람이 전인구의 50%라는 점에서 토지개혁은 칠레 사회를 바꾸는 데 결정적 기여를 했다.

가톨릭교회는 새로운 사회형성을 위한 가톨릭 독트린을 마련, 도시빈민을 위한 교육 시스템, 의료보험이 마련되어야 할 것을 촉구했는데, 이같은 주장은 당시의 토지개혁 등 개혁입법에 많이 반영됐다.

아옌데 정권은 이같은 사회개혁의 진전 속에서 탄생된 것이다. 물론 아옌데는 개개인의 농민에게 토지를 분배한다는 토지개혁의 취지를 뒤바꿔 국영농장 실험을 실천해 많은 문제를 낳았다. 농민이 주로 거주하는 칠레 남부와 북부는 상당히 보수적이다. 농민들은 땅을 소유하고 싶어했으나 아옌데는 집권 후부터 국영농장계획을 추진, 강한 반대에 직면했다.

역사적으로 보면 토지개혁은 농민들에게 땅을 분배하는 것뿐 아니라 파워도 나눠주는 것을 의미했다.

남미 역사 속에서 토지개혁을 한 나라는 칠레와 콜롬비아뿐이다. 아르헨티나의 경우 봉건적 시스템이 그대로 유지되어 토지개혁은 상상도 못하는 수준이고, 브라질도 마찬가지다. 한국도 한국전쟁후 토지개혁을 완결지은 것이 산업화의 기반이 됐듯 칠레의 토지개혁도 칠레의 봉건성을 없애는데 기여했다.

- 피노체트 당시 경제전략은 어떤 점에서 특징이 있는가?

"한국과 브라질의 경우 국가와 기업이 연대해 경제발전전략을 추진했으나 칠레의 경우 철저하게 시장경제 시스템을 선호했다는 점이다. 칠레 군부는 1973년 이전 권력을 잡거나 정치에 참여한 적이 없었다. 말하자면 고립되어 있는 전문직업인인데다가 상당히 조직적이고 체계적인 훈련을 받은 집단이라는 것이다.

칠레 군부는 전통적으로 독일의 영향을 받아 상당히 조직적, 체계적이고 강한 제도적 기반을 유지해 왔다. 또한 다른 나라 군부에 비해 상대적으로 상당히 지적인 훈련을 받았다는 데 특징이 있다. 군부가 시민사회로부터 격리되거나 독립되어 있는 유일한 파워집단은 아니었다는 것이다. 칠레 사회에서 군부는 존경을 받았고, 대개 중산층 인사들이 중심이다."

- 피노체트가 자유시장 경제를 주장하는 학자들을 등용해 경제개방 전략을 취한 동기는 어디에 있다고 보는가?

"칠레 사회에는 이미 1960년대부터 관료 및 지식인들을 중심으로 칠레 경제를 폐쇄적 집단주의에서 개방주의로 전환시켜야 한다는 논의가 있었다. 국가가 경제를 좌지우지하는데 반대해 자유시장경제를 해야 한다는 주장이 시민사회 내에서 형성되기 시작한 것이다. 군부가 권력을 잡았을 때, 이미 경제는 시장경제로 가야 한다는 동의가 이뤄진 것이다.

이런 점에서 시장경제의 전면 확대는 군부집권의 결과물이 아니다. 시카고 학파로 불리는 일군의 학자들은 미국 유학생들을 중심으로 1950년대부터 형성됐고, 이들이 60년대 칠레로 들어오면서 지식사회에 공론화했다. 이들이 아옌데 집권의 혼란이 쿠데타로 마무리된 후 군부와 접촉을 갖기 시작한 것이다. 피노체트가 이들과 접촉한 것은 1975년 경이다."

- 아르헨티나 군부는 76년, 칠레 군부는 73년 쿠데타를 통해 집권하는 등 쿠데타의 시기가 유사한데, 왜 아르헨티나는 시장경제도 정착이 안되고 부정부패가 심한 나라가 됐고, 칠레는 개방경제를 추구하는 깨끗한 국가로 성장하게 됐다고 보는가?

"아르헨티나에는 시장경제를 추진할 사회집단이 없었다. 쿠데타를 일으킨 장군들은 그런 아이디어를 갖고 있지 못했다. 지도자가 국가중심적으로 문제를 해결해야 한다는 국가 우선주의, 말하자면 국가지향적인 포퓰리즘적 사고에 빠져 있었다. 아르헨티나는 국가적으로 포퓰리즘의 전통이 있어 시장경제에 대한 구상을 하지 못했다면 칠레의 경우 이미 사회적으로 시민사회라 할 수 있는 집단이 형성되어 있었고, 정당을 통해 사회갈등이 조절될 수 있는 메카니즘이 정착되어 있었다. 말하자면 칠레와 아르헨티나의 군부는 비슷했다 해도 사회구조나 시민사회의 질이 달랐다."

– 칠레에 포퓰리즘의 전통이 없는 이유는 무엇인가?

"이것은 상당히 중요한 문제인데, 포퓰리즘이 뿌리를 내리고 성장할 수 있는 배경은 단순하다. 정당의 역할 여부에 있다. 칠레에는 강한 정당 시스템이 오래 전부터 정착돼 왔다. 대중들은 정당에 의해 동원된다. 칠레 지도자들의 리더쉽은 정당정치 속에서 나온다.

반면 아르헨티나의 경우 정당이 개인의 카리스마에 의존해 있고, 자체적인 기능이 매우 취약하다. 페론당이 대표적이다. 아르헨티나에서는 지도자의 카리스마에 의해 대중들이 동원된다. 정당은 부차적이다. 이것이 바로 포퓰리즘의 뿌리다.

칠레의 경우 포퓰리즘의 기본 섹터인 노동운동이나 농민운동 세력은 정당으로 가서 자신의 요구사항을 조정하지만, 아르헨티나에서는 지도자에게 직접 가서 문제를 해결하려 한다. 아르헨티나에는 페론당이 있지만 역설적으로 페론은 어떤 정당도 지도하지 못했다. 페론당은 페론의 상징성을 바탕으로 군림하는 것이다."

– 남미 포퓰리즘의 특징은 무엇인가?

"남미에서 포퓰리즘은 하나의 전통이 됐다. 칠레만 예외다. 정당구조가 취약하고 국민들이 지도자를 통해 모든 것을 얻으려 할 때 나타난다. 아르헨티나의 페론, 베네수엘라의 차베스, 페루의 후지모리, 메넴은 모두 이런 포퓰리즘 정권의 변종이다. 남미의 왜곡된 정치상황에서는 언제든지 포퓰리즘 지도자가 반복적으로 나올 수 있다.

정당이 대중을 모으지 않고 지도자가 직접 대중 속으로 들어가서 대중들을 동원하고 움직일 때 포퓰리즘이 생겨난다. 과거에는 포퓰리즘 지도자라도 최소한 정당에 군림하며 정당의 피라미드 구조를 통해 대중을 동원했으나 최근에는 당의 체질이 더 허약해져 지도자 개인이 당을 통하지 않고 대중을 직접 움직이려 하는 네오 포퓰리즘도 나오고 있다."

– 피노체트 17년 집권기를 어떻게 평가할 수 있나?

"피노체트와 군부 지도자들은 정치활동을 금지하고 정치적 억압을 자행함으로써 시민사회를 분열시켰다. 경제적으로는 미국의 경제논리에 따라 칠레경제를 자유시장경제로 정착시켰다. 군부는 시장경제적 개인주의를 칠레인의 새로운 특성으로 각인시키려 했다. 이에 따라 칠레 사람들은 건강한 시민의식보다 소비주의에 탐닉하는 경향을 갖게 됐고, 정치문제에 대해 의식적으로 관심을 갖지 않으려는 경향을 보이고 있다. 비정치화문제는 90년 정치민주화 이후에 두드러지고 있다. 97년 의회선거 때 투표율은 60%에 머물렀다."

– 다른 나라의 추세를 볼 때 그 정도면 높은 것이 아닌가?

"과거 60년대 칠레 사람들은 90% 이상 투표할 정도로 정치에 많은 관심을 보였다. 그러나 요즘 들어 심각한 것은 18세 이상의 젊은층들이 정치에 관심을 보이지 않는다는 점이다."

– 칠레인들의 비정치화 경향은 피노체트 독재시절 정치를 불법화하고 정치에 대한 탄압을 한 데 따른 결과가 아닌가?

"권위주의 시대를 거치면서 칠레의 시민사회는 자율성을 잃어버렸다. 칠레는 국가 오리엔트된 사회로 된 것이다. 한국사회에서는 시민사회가 다양한 목소리를 내고 시민단체를 결성해 활동하고 있는 것으로 안다. 한국의 강하고 역동적인 시민사회에 대해 관심을 갖고 있다."

― 칠레의 비정부 시민단체(NGO) 가운데 중심적인 것은 어떤 것이 있는가?

"한국처럼 정치활동에 참여하는 시민단체들은 없다. 대개 환경, 인권, 여성문제에 집중된 것들이다. 다시 말하지만 칠레 시민사회는 아주 약하다. 1983, 84년에 비정부 시민단체에 대한 연구가 시작됐으나, 대개 군부시절 실종된 사람의 인권에 대한 문제들에 집중하고 있다."

― 아르헨티나의 경우 경제가 불안해지면서 빈부 격차가 더 심해지고, 이에 따라 국민적 통합성도 점차 깨지고 있다는 지적이 나오는데, 칠레의 국민적 연대감이랄까, 애국심 문제에 대해 어떻게 보는가?

"아르헨티나와 비교해볼 때 칠레 사람들은 국가에 대한 소속감이랄까, 애국심을 많이 갖고 있는 편이다. 아르헨티나보다는 국민들이 통합되어 있고 역사적인 공동체험을 나눠 가졌다는 뜻이다. 칠레는 아주 고립된 나라다. 남미대륙에 속해 있기는 하지만 북쪽으로는 사막이, 동쪽으로는 안데스 산맥이 가로막았고, 남쪽과 서쪽은 바다로 둘러싸여 있다. 이런 지정학적 조건 때문에 칠레인의 동질감, 소속감은 다른 나라에 비해 강하고 국가적 통합성도 큰 편이다. 반면 아르헨티나는 반(半)봉건 스타일의 국가를 연상시킬 만큼 계층적 이해관계에 따라 국가가 분열되어 있다."

인터뷰 | 경제학자 아발로 바르돈 |

아발로 바르돈(61)은 경력이 화려한 경제학자다. 실물경제와 이론 양편에 모두 밝고 칠레 경제 기적을 낳은 이른바 시카고학파의 일원이기도 하다. 칠레대학 경제학과를 졸업한 뒤 미국 시카코대에서 경제학 석사학위를 했다. 칠레 중앙은행총재(1971~81). 칠레 국립은행 총재(1988~89)를 역임했다. 현재 일간지 「메르쿠리오」 논설위원으로 활동하며 산티아고 피니스 테라레대학 공공정책연구소장으로 거시경제학을 가르치고 있다. 그는 인터뷰에 앞서 칠레 경제 현실에 대해 다음과 같이 설명했다.

"85년부터 97년까지 상당히 성장했는데 98년부터 경제가 침체되기 시작했다. 아시아 경제위기의 영향을 받기 시작한 것이다. 경제성장률이 85~97년까지는 7~8% 수준을 유지했으나 지금은 5%에 머물고 있다. 칠레 경제가 예전처럼 7%대의 성장을 유지할 수 있도록 하는 게 현 정부의 임무다."

— 피노체트는 민주주의를 압살한 독재자인가, 사회주의로부터 칠레를 구한 영웅인가?

"두가지 측면을 모두 지니고 있다. 피노체트는 아옌데 대통령에 의해 임명된 군사령관이다. 피노체트는 73년 9월 11일 쿠데타가 발생하기 이틀 전까지 여기에 가담하려 하지 않았다. 아무도 몰랐다. 당시 아옌데 정부의 경제상황은 너무 나빴다. 1년에 인플레가 1천%에 달했다. 피노체트는 이러한 상황을 바로잡은 것이다."

— 칠레의 군부가 다른 남미 국가의 군부와 다른 점은 무엇이라고 보는가?

"칠레의 피노체트는 쿠데타에 의해 권력을 잡았어도 독재자처럼 하지 못했다. 칠레는 이미 1810년 독립한 뒤 1830년대부터 투표를 통해 정치를 변화시켜온 나라다. 민주주의 전통이 사회 전반에 깊이 각인되어 있는 나라이기 때문에 군부가 권력을 잡아도 이같은 전통을 완전히 무시할 수는 없는 것이다. 그러나 아르헨티나나 페루, 볼리비아는 그렇지 않다."

— 칠레 군부는 73년 쿠데타를 했고, 아르헨티나의 경우 그보다 3년 뒤인 76년 쿠데타를 했는데, 집권후 군부가 취한 정책은 판이하다. 칠레는 자유주의 시장경제를 채택했고, 아르헨티나 군부는 정책 비전없이 부패했다. 이유가 무엇이라고 보는가?

"아르헨티나를 포함해 라틴 아메리카의 민주주의 역사는 기껏해야 20, 30년에 불과하다. 그러나 칠레와 우루과이는 남미에서 유일하게 2백년 이상 민주주의 체제를 유지해온 나라이다. 이같은 민주주의 경험의 차이가 군정에도 차이를 가져온 것이다.

라틴 아메리카 20세기의 역사에서 지금까지 3번의 큰 사건이 있었는데, 칠레의 피노체트, 아르헨티나의 메넴, 페루의 후지모리의 집권이 바로 그것이다. 피노체트의 경우 칠레 역사에서 유일한 독재자로 기록된다. 그렇지만 피노체트는 혼란스런 73년 상황에서 어쩔 수 없이 집권한 측면이 강하다.

피노체트 17년간 우리 사회는 너무 많이 바뀌었다. 군정은 일반적으로 억압적인 성격이 강한데, 칠레의 군정은 다른 군정에 비해 자유를 많이 준 편이다. 피노체트 정권이 강압적으로 된 것은 아옌데 정권 붕괴 후 쿠바 등으로부터의 혁명수출 움직임, 사회 테러 가능성이 높아졌기 때문에 그렇게 된 것이다."

- 피노체트 17년을 어떻게 보는가?

"17년은 긴 세월이다. 피노체트의 집권이 너무 길다고 해서 비판하고 떨어져나간 사람들도 많다. 피네체트에 대한 초기 지지율은 80%에 달했으나 89년 국민투표에서는 42%에 불과했다. 그러나 17년간 피노체트는 경제를 성장시켰다. 그는 민주주의를 절대로 압살하지 않았다. 피노체트는 새로운 민주주의를 만들기 위해 독재를 했다."

- 칠레는 다른 나라에 비해 부정부패가 적은 나라로 유명한데, 그것도 피노체트 통치 덕분인가?

"부정부패가 없는게 아니다. 분명히 있다. 그러나 다른 나라에 비해 부정부패가 적을 뿐이다. 피노체트 집권시 그는 사회가 부정부패하지 않도록 엄격한 정책을 펼쳤다. 그러나 그것은 피노체트 집권 때 이뤄진 것이 아니라 오랫동안 유지되어 온 민주주의 체제 덕분이다. 칠레 사람들은 법을 존중하는 게 오랜 관습이다."

- 정치인 부패는 어떤가?

"그것도 적다. 이 나라에서 부정부패라는 것은 무언가 불쌍하고 지저분하고 나쁜 것이라는 인식이 깊이 박혀 있다. 부정부패는 정부기관이 발주한 사업의 계약과정에서 기업들의 로비에 따라 이뤄질 수 있는데, 칠레의 경우 아마 독일이나 프랑스 수준의 부정부패는 있을지라도 그 이상은 아니다."

- 부정부패가 적발됐을 때 처벌은 어떤가?

"처벌을 위한 법이 있지만 그렇게 가혹하지는 않다. 오히려 이곳 사람들은 언론에 공개되는 것을 가장 큰 처벌이라고 생각한다."

- 공무원의 월급은 많은 편인가?

"그렇지 않다. 다만 의료혜택이 있고, 교육이 무료이고, 퇴직 후 연금 지급이 이뤄진다는 게 잇점이다."

- 탈세는 어떤 수준인가?

"76년 세법이 개정됐는데 세율을 20%에서 18%로 내렸다. 그래도 탈세가 이어지자 76년 젊은이들을 세무직원으로 만들어 탈세방지를 위해 활동하게 했다. 탈세가 발각됐을 경우 벌금을 내게 되고 구속된다."

- 칠레의 경제 모델이 가진 장점을 무엇이라고 보는가?

"경제자유주의 모델이다. 레이건식 자유주의 모델로 경제가 성장할 수 있었다. 칠레는 자유경쟁체제, 자유무역제도를 지지한다."

- 산티아고 대통령궁 뒤에 아옌데 동상이 지난해 들어섰는데, 어떻게 평가하는가?

"칠레에서는 패자에 대한 애정이 있다. 경쟁에서 질 경우 파티를 하는 경우도 있다."

- 칠레에서 정치인은 존경받는가?

"그렇지 않다. 보통사람들이 제일 멀리하려는 사람이 정치인이다. 정치인들은 말만 하는 사람으로 인식이 되어 있다. 제일 싫어하는 사람들은 법원 관계자들이다. 제일 인정받는 곳은 교회와 경찰이고, 법원의 경우 부정부패가 많아 그렇고, 정치인들은 상대하기 싫어한다. 칠레 사람들의 신뢰수준에 따라 직업을 나눠보면 교회-경찰-대통령-기업인-언론인-군인-법조인-정치인-노조 순이다.

- 한국에 대해 어떻게 생각하는가?

"한국은 경이적인 발전을 이룩한 나라이다. 중앙은행 총재로 일할 때 한국은행 관계자가 왔었는데 경제성장률이 8% 이상이라는 설명을 듣고 놀란 바 있다. 한국의 향후 과제는 이익집단의 이해관계를 잘 조정해 경제에 영향을 미치지 않도록 해야 한다는 점이다. 또한 경제를 자유화해야 하고 열린 사회에서 경쟁을 할 수 있도록 시스템을 바꿔야 한다. 은행 시스템도 자유화해 경쟁력을 강화하고 국제무역에서도 보호주의를 털어버리고 자유무역으로 나가야 한다."

새롭게 살아나는 아옌데 신화

2000년 9월 산티아고 시내 대통령궁 뒤편 광장에는 비운의 정치가 살바도르 아옌데(1908~1973) 전 대통령의 동상이 세워졌다. 피노체트 군부 쿠데타 때 아옌데가 자살한지 27년만의 일이다. 사회당 연합정권인 리카르도 라고스 대통령은 취임 후 역사 바로세우기 차원에서 산티아고 대통령궁을 시민들에게 개방하면서 아옌데 동상을 건립했다.

이뿐만이 아니다. 산티아고 시내에는 살바도르 아옌데 재단이 있고 아옌데 솔리데리티 미술관이 있다. 전자는 아옌데의 업적을 기리고 재평가하는 연구소이고, 후자는 아옌데가 살아 생전 전세계 각국의 인사들로부터 기증받은 작품을 전시한 미술관이다.

산티아고 서쪽 교외에 위치한 이슬라 네그라의 파블로 네루다 생가 박물관도 덩달아 인기다. 이곳이 칠레의 노벨상 수상 시인 네루다와 절친한 친구 아옌데가 자주 찾아와 시국을 논했던 곳이기 때문이다.

이슬라 네그라의 네루다 박물관에는 아옌데와 네루다가 태평양을 바라보며 마주 앉아 차를 즐기며 담소했던 테이블과 의자가 그대로 보관되어 있다. 평생을 공산주의자로 일관한 네루다는 아옌데 대통령 시절 프랑스 대사를 역임했으며, 피노체트 쿠데타 직후인

73년 말 사망했다.

아옌데 정부는 레닌식 폭력혁명이 아니라 유권자들의 투표로 이뤄진 평화적 사회주의 정권이라는 점에서 유로코뮤니즘을 비롯한 전세계 좌파들을 열광시켰으나 피노체트 군부의 총칼 앞에서 무참히 붕괴됐다.

▶ 이슬라 네그라 자택에서 시상을 가다듬고 있는 파블로 네루다.
살바도르 아옌데 대통령의 둘도 없는 친구였다.

아옌데는 의사 출신이다. 그는 두 번의 대통령 선거에 출마, 패배한 뒤 세번째 대선에서 당선됐다. 1958년 대선 때 조지 알렉산드리 후보가 31.6%의 지지를 얻어 당선됐을 때 아옌데는 사회공산당 연합 후보로 출마, 28.9%의 득표를 했다.

1964년 대선 때 아옌데는 사회공산당 연합(FRAP) 후보로 출마, "자본주의와 제국주의로부터 단절, 사회주의로 전진하자"는 선거

캠페인을 벌여 39%의 득표를 했다. 비록 56%의 지지를 얻은 기민당의 에두아르도 프레이 후보에게 지기는 했지만 6년 전 대선 때보다 10.1%를 더 얻는 성과를 거뒀다.

이후 70년 대통령선거에서 아옌데는 공산당과 사회당 연합인 인민연합 후보로 다시 출마, 36.3%의 지지를 얻어 당선됐다. 64년보다는 낮았지만 우파 진영의 후보가 호세 알렉산드리와 라도미로 토믹으로 나눠져 각각 34.9%, 27.8%로 보수파의 표를 양분하자 어부지리로 당선된 것이다.

아옌데는 선거에서 비록 1.4%라는 작은 표차로 이겼지만 법이 허용하는 안에서 최대한의 급진적 변화를 추구해 나갔다. 구리, 석탄, 철강회사를 모두 국유화했고, 일반은행의 60% 정도를 국유화했다. 지방에서도 농장국유화정책을 추진했다.

아옌데의 사회주의 정책이 구체화되면서 반대파의 조직적 반발도 거세졌다. 72년 10월부터 각종 시위가 전국 각지에서 발생하기 시작, 자영 농민과 소기업인들이 가세했고, 사회가 혼미해지면서 인플레이션도 일어나기 시작했다.

1973년 4월 구리광산 노동자들이 스트라이크 벌이기 시작했고, 7월에는 트럭 소유자들이 스트라이크에 가세했다. 이어 변호사, 물리학자, 건축가 등 중산계층들이 스트라이크의 물결을 타기 시작했다. 73년 여름부터는 친아옌데 노동조직이 수십만을 동원, 거대한 지지 시위를 벌여 산티아고는 찬반 아옌데 물결로 메워졌다.

9월 11일 아우구스토 피노체트 장군이 쿠데타를 감행했을 때, 아옌데는 곧 자택에서 산티아고의 대통령궁으로 출근, 쿠데타 군과 끝까지 싸우다 최후를 마쳤다. 당시 아옌데의 죽음이 자살이냐 타살이냐는 논쟁이 아직도 남아 있지만 대부분의 역사가들은 자살쪽에 더 무게를 두고 있다.

쿠데타 후 시가전에서 최소 2천명이 사망했을 것으로 추정된다. 피노체트 쿠데타는 20세기 남미에서 일어난 가장 잔인하고 폭력적인 사건으로 기록된다.

▶ 산티아고 시내 대통령 궁 뒷편 법무부 청사 앞에 건립된 아옌데 대통령 동상.

아옌데 실험이 3년만에 몰락한 것에 대해 많은 역사가들은 아옌데의 사회주의 정책이 너무 급격했다는 데서 원인을 찾는다. 하지만 인민연합 후보였던 아옌데가 64년 대선 때 39%, 70년 대선 때 36.3% 얻은 것에 비해 71년 지방선거에서 인민연합이 49.7% 지지를 얻은 것을 볼 때 아옌데의 정책은 당시 상황에서 대중의 지지를 얻고 있었다는 게 입증된다.

그러나 아옌데의 결정적인 취약점은 중간층 이상의 보수 엘리트층과 군부의 지지를 받지 못했다는 데 있었다. 또한 결정적인 것은 미국 닉슨 행정부의 반혁명 전략에 기인한다. 미국이 아옌데 정권 붕괴에 깊이 개입했다는 심증은 있었으나 그간 구체적인 물증이 드러나지 않아 풍문으로만 전해져 왔는데, 2000년 12월 빌 클린턴 대통령이 미국 중앙정보국(CIA)의 칠레 아옌데정권 붕괴 개입보고서를 공개하고 유감표명을 함에 따라 사실로 입증됐다.

아옌데 재조명 바람이 이는 것은 2000년 3월 리카르도 라고스대통령의 사회당 연립정부가 출범한 데 힘입은 바 크다. 아옌데 정권 출범 30년만에 아옌데의 사회당 정신을 계승한 정부가 들어선 뒤 역사 바로세우기 작업이 이뤄지고 있는 것이다. 또한 미국이 쿠데타에 개입한 사실을 솔직하게 시인함에 따라 아옌데 재조명 움직임은 더욱 강해지고 있다.

사회당 소속 카를로스 몬테스 하원의원은 "과거 피노체트 시절에는 아옌데에 대해 언급하는 게 금기였는데, 이제 그의 정신을 다시 봐야 한다는 논의가 본격화하고 있다"고 소개했다.

아옌데 집권은 좌파들에게는 열광을, 우파들에게는 공포의 대상이었지만 아옌데 자신은 체게바라와 같은 열정적인 혁명가는 아니었다. 의사 출신으로 30여년간 의회 정치인으로 살았고, 연립정권을 유지하기 위해 수많은 시간을 조정과 협상 속에서 보낸 온건한 성품의 인물이다.

그는 대통령이 된 뒤에도 법이 허용하는 안에서 최대한의 급진적 변화를 모색했을 뿐이다. 법을 존중하는 칠레 전통에 따라 아옌데 정부도 합법적인 사회주의로의 이행작업을 한 것이다.

그러나 73년 9월 피노체트 군부가 물리력을 동원해 최후의 압박을 가해오자 그는 최후까지 저항하다 자살했다. 공군 장군들로부터 망명을 제안받았지만 "나는 공화국의 대통령으로서 어떻게 의무를 수행해야 하는지 알고 있다"는 말을 남기고 자살했다고 전해진다.

▶ 아옌데 추모 특집 잡지를 들고 있는 아옌데 지지자.

예컨대 페루의 알란 가르시아나 알베르토 후지모리, 아르헨티나의 후안 페론같은 포퓰리스트 지도자들은 정권이 위기에 몰렸을 때 주저없이 망명의 길을 택했지만, 아옌데는 자신의 체제와 함께 무너졌다.

산티아고 대통령궁 뒤편 광장에 세워진 아옌데 동상에는 이같은 말이 새겨져 있다.

"나는 칠레가 가야할 길, 칠레의 미래를 확신한다."

인터뷰 | 학생운동가 출신 **돈 카를로스**

돈 카를로스 외무부 지역조정부 차장(45)은 고등학생 시절부터 사회주의 운동을 하던 인물이다. 피노체트 쿠데타 직후인 73년 10월 체포되어 칠레 남단 남극에 가까운 이슬라도스섬에서 2년간 감옥생활을 한 경험이 있다.
그는 피노체트 군부에 의해 수감됐을 때 군부로부터 "정치에 다시 참여하지 않겠다고 서약하라"고 강요당했으나 끝내 거부, 만기를 채우고 출소했다. 출옥후 군부는 제3국으로의 출국을 요구했으나 친구들이 떠나는 것을 보면서도 자신은 칠레에 남겠다고 마음을 굳혔다. 그후 산티아고 근교의 발파라이소 대학에 입학, 역사학과 정치학을 공부했다.
그는 70년대 후반을 '매우 어렵고 위험한 시절'로 기억하고 있다. 또한 많은 동료들이 살해당했으나 자신은 살아남아 민주화한 나라에서 관료가 됐다는데 대해 마음의 빚을 느끼고 있다고 말했다.
그는 대학 졸업 후 사회당에서 일하다 93년 아일윈 정부가 들어서면서 정부 관료가 됐다. 라고스 대통령과 친밀한 관계이며 집권당의 인사문제와 재정을 담당하는 것으로 알려져 있다.

– 90년 피노체트가 정권을 내놓았을 때 어떻게 생각했는가?

"역사적인 순간이었다. 우리는 평생 그런 순간이 올 것이라고 생각하지 못했다. 그때 평생 품어왔던 꿈이 실현된 것이라고 생각했다. 또한 칠레를 강압적으로 지배해온 피노체트 체제가 드디어 끝난 것이라고 생각했다. 학생 시절 목숨걸고 피노체트를 몰아내기 위해 운동을 했다. 그러나 피노체트는 나같은 학생들을 생명체로 보지 않고 가혹하게 대했다. 알다시피 많은 사람들이 실종됐고 또 살해됐다. 지금 우리들이 여기에 앉아 이렇게 편안하게 지낼 수 있게 된 데 대해 정말 민주주의에 감사한다."

– 피노체트 체제 17년을 어떻게 생각하나?

"피노체트 17년간 칠레 경제는 전혀 달라졌다. 그러나 경제발전이냐 인권이냐를 놓고 볼 때 우리가 치룬 희생이 너무 크다. 피노체트 체제에서 산 우리 모두에게 책임이 있다. 이렇게 민주화시대가 열리고나니 내가 무엇을 하고 살 것인지 늘 자문하게 된다."

– 라고스 대통령은 아옌데 이후 30년만에 등장한 사회주의 정권인데, 당시와 비교해 볼 때 어떤 점이 다르고, 어떤 점이 유사하다고 보는가?

"아옌데와 라고스는 다르다. 또한 역사적 시기 또한 매우 다르다. 아옌데 시기는 냉전시대였고 이제는 탈냉전시대다. 이제는 사회주의자들조차 사회주의 혁명을 얘기하지 않는다. 사회주의는 이제 인권이랄까, 사회정의, 환경에 대해 배려하는 것 등을 의미할 경우가 많다. 우리는 민주주의를 공고화하고 인권을 존중하는 체제를 만들어야 할 소명이 있다. 또한 시장경제에 대해서도 이견이 없다. 다만 노동자 인권, 최소임금제 등 노동자를 위한 법률 보완이 필요하다는 게 우리의 입장이다."

― 피노체트 문제 해결에 대해 좌우파의 견해는 어떻게 다른가?

"피노체트 문제 처리와 관련, 일부에서는 법적 처벌을 요구하고 있으나 죄는 따지되 처벌은 하지 말자는 의견도 제시되고 있다. 중요한 것은 여전히 사회적 파워를 지닌 군의 동태다. 라고스 대통령은 피노체트 문제는 사법부가 알아서 할 일이라는 입장이다."

― 민주화된 이후 군부시대 통용됐던 군의 기득권이 어느 정도 사라졌다고 보는가?

"군부의 이권이 많은 부분에서 성역으로 남아 있는 게 사실이다. 예컨대 상원의원 47명 가운데 육·해·공·경찰 참모총장이 당연직으로 임명되고, 군부가 구리 수출액의 10%를 커미션으로 가져간다. 라고스 대통령은 이것을 막기 위해 법을 고치려 하지만 야당이 반대하고 있어 어렵다. 군이 화를 내면 다시 군정으로 돌아갈 수 있다는 우려 때문이다. 피노체트의 공포정치의 후유증 때문에 많은 사람들이 아직도 군을 두려워하고 있다."

― 그렇다면 군의 쿠데타 가능성이 아직도 있다는 얘기인가?

"그럴 가능성은 낮다. 그러나 만약에 피노체트가 수감될 경우 야당과 군부가 뭉칠 가능성을 배제할 수 없다."

― 피노체트에 대한 개인적 견해는?

"피노체트는 지금 85세의 병든 노인이지만 나와 같은 젊은이들의 인생을 30년간 지배한 사람이다. 그래서 평범한 노인이라기보다는 여전히 힘을 지닌 독재자로 보인다. 그는 영원히 감옥에 가지 않겠지만, 우리들에게는 피를 상징하는 독재자다. 지난 10년간 많은 변화가 있었지만 피노체트 시대에 대한 두려움과 공포는 여전히 사회 곳곳에 남아 있다."

사라지지 않는 피노체트 망령

'사회주의로부터 칠레를 구한 성자인가, 민주주의를 압살한 독재자인가?' 2000년 말 「뉴욕타임스」는 칠레와 영국 등 세계 각지에서 불고 있는 피노체트 재평가 문제에 대해 이같은 제목으로 연재 기사를 썼다.

아우구스토 피노체트 상원의원이 지난 98년 10월 영국에서 인권유린혐의로 구금되고 2000년 3월 석방되어 칠레로 귀환한 뒤 칠레 국내외에서 피노체트 논쟁이 뜨겁게 일고 있다.

칠레에서는 피노체트 지지자와 반대자간의 의견 대립이 심화되고 있다. 군부와 보수층 등은 피노체트 지지론을 펼치고 있고, 대학생들과 피노체트 치하 희생자 유가족들은 피노체트 처단을 요구하고 있다.

살바도르 아옌데의 사회주의 실험(1970~73)이 피노체트 쿠데타로 막을 내린 후 처음으로 사회당 연합정부의 라고스 대통령이 집권했으나 막상 피노체트에 대한 단죄는 엄두도 못내고 있다. 피노체트의 아들들은 여전히 사회의 기득권층으로 군림하고 있는 데다가 피노체트 동정론도 43%에 달하기 때문이다.

산티아고 현지에서 만난 지식인들의 견해도 편차가 상당히 심한 편이다. 피노체트는 살바도르 아옌데의 무모한 사회주의 실험으로부터 칠레를 구하고 경제를 발전시킨 국부라는 주장이 있는가 하면, 피노체트가 없었어도 칠레는 자유시장경제 시스템으로 나갔을 것이라는 주장도 만만치 않게 제기되고 있다.

▶ 산티아고 교외 발파라이소에 세워진 칠레 국회의사당.
아우구스토 피노체트는 91년 민정복귀를 하면서 산티아고에서 40km 이상 떨어진 이곳에 의사당을 건립했다.
피노체트의 정치혐오증을 드러내주는 대표적인 사례다.

군사재판소 최고재판관을 지낸 페르난도 토레스 장군의 피노체트 옹호론은 이렇다.

"73년부터 90년까지 칠레는 새롭게 탄생했다. 피노체트 집권시 칠레의 유일한 수출품은 구리였고 경제도 좋지 않았다. 그러나 17년 후 칠레의 경제는 성장했고 1인당 GNP도 4배 이상 늘어났다. 피노체트는 아무 것도 생산하지 못했던 농어촌에 포도나 연어 양식을 장려해 농업 부문의 획기적인 발전을 가져왔고, 외화 획득에도 큰 기여를 하고 있다. 또한 피노체트는 도로 건설 등 사회간접자본 투자에서 획기적인 진전을 가져왔다."

토레스 장군의 평가대로 피노체트는 칠레를 거듭나게 한 지도자인 것만은 사실이다. 피노체트는 73년 9월 쿠데타를 성공시키고 곧바로 '국가 재건'을 선언하면서 군사평의회를 조직했다. 반면 기존의 정치 시스템은 철저히 파괴하여 의회는 해산됐고, 헌법은 중단됐으며, 정당은 불법화됐다.

▶ 산티아고 시내 아르마스 광장에서 시민들이 시위를 하고 있다.
군정을 거치며 칠레 시민사회는 많이 약화됐으나 라고스 정부가 들어선 뒤 점차 활성화되고 있다.

이듬해인 74년 1월 피노체트는 최소 5년은 군정을 유지하겠다고 선언하면서 시카고 보이스로 불리는 일군의 경제학자들을 발탁, 자유주의 시장경제 정책을 펴 칠레 발전의 기본틀을 마련하기 시작했다. 이들의 경제정책은 인플레이션 억제에 큰 효과를 발휘, 쿠데타 발생 직후 500%였던 인플레가 76년 180%로 내렸고, 82년까지는 10%, 83~87년에는 20~31% 정도로 진정됐다.

경제성장률은 1976~81년간 7%대를 유지했다.

피노체트는 경제 부문에서는 자유주의 정책을 폈지만, 정치적인 측면에서는 철저한 탄압정책으로 일관, 인권탄압 시비가 끊이지 않았다. 1976년 워싱턴에서는 아옌데 시절 미국 주재 칠레대사를 지낸 올란도 레텔리에가 자동차 폭발사고로 사망했는데, 이 사건이 칠레 군부 소행이라는 게 밝혀져 칠레 정부와 지미 카터 행정부는 내내 갈등관계를 유지하게 됐다.

▶ 아우구스토 피노체트 장군.
그의 치적을 놓고 평가가 엇갈리고 있다.

한편 칠레 공산당은 86년 전위대를 구성, 피노체트 암살계획을 감행했는데, 피노체트는 이같은 계획이 실행에 옮겨지기 직전 현장에서 벗어날 수 있었나, 이 사건으로 인해 대대적인 좌파 체포 선풍이 불었다. 이때 피노체트는 "칠레 국민들은 나 피노체트와 혁명적 좌파들 가운데 선택해야 한다"고 엄포를 놓기도 했다.

1988년 피노체트는 정치를 민주화하라는 국제적인 압력에 못이겨 국민투표라는 도박을 감행했으나 결과가 하야 지지 55%, 반대 43%로 나오자 하야를 결정했다. 이어 89년 대통령 선거가 있었고,

오랫동안 기민당 소속으로 정치활동을 해온 패트리코 아일윈이 당선되면서 민정시대가 열린 것이다.

만프레드 빌헴미 칠레 태평양재단 이사장은 이같은 피노체트 17년사에 대해 양비론적 입장을 펴고 있다.

"17년간 피노체트는 중요한 역할을 했다. 칠레를 대외에 개방했고 내부적으로 경제를 발전시켰다. 그러나 부작용도 크다. 아직도 군정의 잔재가 많이 남아 있고, 군인사가 당연직으로 포함되는 상원의원 제도도 문제가 많다."

반면 경제학 교수 출신인 사회당 카를로스 몬테스 하원의원은 피노체트없이도 칠레는 독자적으로 자유시장경제정책을 펼 수 있었다고 주장한다. 70년대 상황에서 피노체트가 아니더라도 자유시장경제, 개방경제를 통해 발전할 수 있었기 때문에 경제성장을 이유로 피노체트 독재를 합리화하려는 논리는 잘못될 것이라는 게 그의 주장이다. "경제가 성장했다고 해서 피노체트 독재를 합리화할 수 없다"는 게 이들의 주장이다.

피노체트는 이처럼 칠레 사회를 분열시키는 뜨거운 감자다. 어느 누구도 피노체트로부터 자유로울 수 없다. 산티아고에서 만난 한 교민은 박정희처럼 "피노체트는 민정 이양과 동시에 사라졌어야 했는데, 너무 오래 살아있는 것같다"고 평을 했다.

인터뷰 | 피노체트 측근 페르난도 토레스 |

페르난도 토레스 장군은 피노체트의 오른팔로 알려진 인사다. 73년 쿠데타 후 군법회의 판사로서 활동했으며, 피노체트의 철권통치를 유지할 수 있도록 뒷받침한 사람이다. 그는 피노체트가 권좌에서 물러난 뒤 산티아고 시내에 작은 개인사무실을 열어 사람들을 만나고 있다. 피노체트의 근황을 체크하고 피노체트 관련 여론을 수집하는 임무를 맡고 있다.

— 피노체트의 근황은 어떤가?

"건강이 아주 안좋은 상태다. 영국에서 3년간 고생을 많이 해서 뇌 계통이 좋지 않다. 나이가 많아 건강이 위험한 상태다"

— 피노체트 집권 때 어떤 일을 했는가?

"처음에는 군을 대변하는 변호사를 했다. 73년 쿠데타 때 참여했고, 89년 장군이 됐다. 98년 피노체트가 군에서 물러날 때까지 군의 최고 책임변호사겸 군사재판 총책임자 역할을 했다."

- 17년간 이어진 군정을 어떻게 보는가?

"73년부터 90년까지 칠레는 새롭게 탄생했다. 피노체트 집권시 칠레의 유일한 수출품은 구리였고 경제도 좋지 않았다. 그러나 17년 후 칠레의 경제는 성장했고 1인당 GNP도 4배 이상 늘어났다. 피노체트는 아옌데 때 국유화한 기업들을 다시 민영화했다. 피노체트의 국영기업 민영화, 해외매각은 라틴 아메리카의 다른 나라에도 파급이 되고 있다. 포도나 연어 양식을 장려해 농업부문에 획기적인 발전을 가져왔고 외화획득에도 큰 기여를 하고 있다. 또한 피노체트는 도로 건설 등 사회간접자본 투자에서 획기적인 진전을 가져왔다."

- 피노체트의 경제 모델은 어떻게 만들어졌는가?

"시카고 학파들이 갖고 있던 구상을 채택했다. 당시 우리는 어느 나라의 개발모델을 모방할 상황이 아니었다. 어느 나라도 바람직한 모델을 갖고 있지 않았기 때문이다."

- 시카고 학파는 어떻게 등용했나?

"칠레 경제학 박사 가운데 시카고대에서 자유경제이론을 배우고 돌아온 사람들이 많았다. 이들은 '칠레를 위한 프로젝트'라는 것을 만들어 피노체트에게 제시했다. 그 결과 그것이 76년 경 채택됐고, 이후 경제정책의 근간이 된 것이다."

- 군인들은 민족주의적이고 자급자족적 경제 스타일을 선호하는 속성을 지니고 있는데, 어떻게 대외개방에 눈을 돌리게 됐는가?

"칠레는 과거 아무 것도 생산하지 못하는 나라였다. 구리광산이 유일한 산업이었다. 그래서 안에서 과일이나 생선을 생산해 바깥에 팔자는 아이디어를 냈고, 밖으로 눈을 돌린 것이다."

― 라틴아메리카 군부와 칠레의 군부가 다른 점은 무엇인가?

"칠레 군인들은 다른 나라 군인들과 달리 전통과 규칙을 중시한다. 피노체트는 부정부패를 멀리했고, 그 원칙은 오늘날까지 지켜진다. 이것이 라틴아메리카에서 칠레가 가장 청렴한 나라가 된 원인이다."

― 실종자 문제나 인권침해 문제는 필요불가결한 것이었다고 보는가?

"73년 쿠데타가 발생하면서 내전과정에서 죽은 사람, 실종된 사람이 많았다. 그래서 신원이 확인되지 않은 사람의 시신도 우리가 갖다 묻은 경우가 많았다. 당시 피델 카스트로는 아옌데 사회주의 정권을 지원하기 위해 무기를 지원하는 등 공작을 벌였고, 공산당의 움직임도 심상치 않았다. 이런 움직임 속에서 실종자나 희생자가 나올 수밖에 없었다. 좌파 공산당들이 사람을 죽이고 폭탄을 투척하는 과정에서 희생자가 많아진 것이다."

― 90년 민정이양 이후 정치과정에 대해 어떻게 보는가?

"피노체트는 89년 대통령은 그만두었지만 군최고사령관으로 98년 3월까지 계속 재임했다. 최고사령관으로 있을 때까지 정치에는 별다른 변화가 없었다."

― 피노체트는 아옌데 이후 30년만에 들어선 라고스 체제에 대해 어떻게 보고 있는가?

"직접 물어봐야 한다. 그간 별다른 말이 없었다."

― 아옌데 동상이 대통령궁 뒤에 세워졌는데, 피노체트 동상은 세워진 바 있는가?

"아옌데 동상이 세워진 것에 대해 별로 신경 쓰지 않는다. 피노체트 동상이 없는 것은 그가 생존해 있기 때문이다. 칠레에서는 살아있는 사람의 동상을 세우지 않는다."

- 아옌데를 어떻게 보는가?

"생전에 실수를 많이 한 사람이다. 국가를 분열시켰고 정치를 혼란에 빠뜨렸다."

- 피노체트가 국가를 위해 마지막으로 할 수 있는 일이 무엇이라고 보는가?

"피노체트는 아직까지 이 나라의 지도자다. 그를 따르는 사람이 많다. 지금 건강이 좋지 않아 힘이 없어 보일지 몰라도 그는 이 나라 최고의 리더다. 많은 사람들이 그를 기억할 것이다. 살아있는 동안 무엇을 할 수 있을지 모르지만 그는 칠레 국민을 위해 무언가 하고 떠날 것이다."

가난에서 탈출하게 된 '힘'

산티아고의 밤은 적막하다. 부에노스 아이레스처럼 요란한 네온사인 간판이 반짝이는 것도 아니고, 대도시 어디서나 볼 수 있는 술집이나 유흥시설도 찾기 어렵다.

현지 관계자들은 부정부패가 없다보니 검은 돈이 유통될 리 없고, 밤의 유흥문화 또한 번창할 수 없다고 설명했다.

산티아고는 이처럼 밋밋하고 조용하지만 인터넷 접속은 남미에서 가장 자유롭게 이뤄지는 도시다. 1인당 국민총생산은 비록 개도국 수준이지만 칠레 사람들이 주고받는 명함에는 어김없이 e메일 주소가 쓰여 있다.

칠레가 아직 개도국 수준이지만 남미병의 고질적인 특성인 부정부패와 빈부격차 문제에서 상대적으로 벗어나 있고, 군사독재체제 하에서도 올바른 국가발전 방향을 모색할 수 있었던 것은 칠레 지식인들이 건강한 비전을 가졌기 때문이라는 게 현지 전문가들의 평가다.

특히 칠레 지식인들은 오랜 정당정치 전통 아래에서 정당을 통해 이견을 조정하고 대안을 마련하는 전통을 키워 왔다.

아르헨티나, 브라질, 칠레 등 이른바 남미 ABC 3국과 페루 등은 모두 70, 80년대 군사 쿠데타를 경험한 나라들이다. 이 나라들은 군부독재기를 모두 '상실의 시대'로 기록하고 있다. 군부의 지배기간 중 경제는 성장을 중단했고, 외채는 늘고, 국력은 낭비됐다. 남미병의 주요 증상인 부정부패와 빈부격차, 지도층 무능, 경제파탄은 군부통치를 겪으며 더욱 깊어졌다.

그러나 칠레는 예외다. 70년대 초부터 사회주의 실험의 실패, 남미 최악의 유혈 쿠데타, 남미 최장기 군부집권이라는 극단의 역사 체험을 겪었지만 남미병의 핵심인 부정부패와 빈부격차, 경제파탄으로 빠져들지 않고 경제개혁을 이뤄냈다. 칠레는 남미국가중 가장 긴 군사독재를 체험했으면서도 남미병의 징후는 비교적 드러나지 않는 특이한 나라다. 칠레가 다른 나라처럼 군부독재를 경험했으면서도 역사적 경로가 달라지게 된 이유는 과연 무엇일까.

알프레드 레렌 가톨릭대 교수는 군부가 속해 있는 시민사회의 질이 달랐다고 주장한다. 칠레의 경우 국가가 나갈 길에 대해 고민하고 대안을 만든 세력이 집단화되어 있었던 반면 아르헨티나나 페루는 그렇지 않았다는 것이다.

"시카고 학파로 불리는 일군의 미국 유학생들이 60년대 칠레로 들어오면서 시장중심 경제논리가 지식사회에 공론화했다. 아옌데 실험의 실패를 목격하면서 시장중심 개발논리가 유일한 대안이라고 확신한 이들은 1975년 경 피노체트와 접촉했다. 반면 아르헨티나에는 시장경제를 추진할 사회집단이 없었다. 쿠데타를 일으킨 장군들은 그런 아이디어가 없었다. 지도자가 국가중심적으로 문제를 해결해야 한다는 국가우선주의, 말하자면 국가지향적인 포퓰리즘적 사고에 빠져 있었다."

73년 9월 유혈 쿠데타 후 아우구스토 피노체트 장군이 던진 첫 일성이 '국가 재건'이다. 피노체트는 정책의 최대 역점을 사회안정과 경제살리기에 두었다. 아옌데가 추진했던 국가기간산업 국유화, 국영농장 조성사업이 극심한 인플레로 귀결되며 경제가 파탄상태에 이르자 피노체트는 아옌데의 국가사회주의 정책에서 탈피, 자유시장경제로 나가는게 칠레를 살리는 길이라고 판단, 사회 각계각층의 전문가들을 만나기 시작했다.

피노체트의 측근인사 페르난도 토레스 장군의 회고.

"피노체트 장군은 사회혼란을 진정시키고 난 뒤부터 칠레가 어떤 전략을 취해야 할 것인가 고민하기 시작했다. 이때 만난 것이 미국 시카고 대학에서 훈련받은 자유시장경제주의자들이다. 이들은 '칠레를 위한 프로젝트'라는 것을 만들어 피노체트에게 제시했고, 그것이 76년 경 채택, 경제정책의 근간이 됐다."

칠레 시카고 학파의 정신적 지주인 산티아고대의 세르지오 데 카스트로 경제학 교수는 피노체트에게 "남미에서는 페론주의에서 아옌데 사회주의까지 실험가능한 모든 제도가 시도됐지만, 모두 실패했기 때문에 칠레가 살길은 자유주의뿐"이라고 제안했다.

이들은 피노체트 참모로 들어선 후 사회주의 정부 시대 비대화한 국가의 역할을 최소화하고 인플레이션을 억제하는데 역점을 두었다. 피노체트는 당시 이에 대해 "아옌데의 궁극적인 목적은 칠레를 프롤레타리아 국가로 만드는 데 있었지만, 내 목표는 칠레를 기업가의 국가로 만드는 것"이라고 밝힌 바 있다.

시카고 학파의 정책은 칠레 경제를 살리는데 효과를 보이기 시작했다. 쿠데타가 발생했던 73년 가을 500% 이상 뛰던 물가가 76년 180%로 내렸고, 82년까지 10%대로 진정됐다. 1983~87년에는 다시 20~31% 정도로 진정됐다. 이것은 아르헨티나 브라질, 멕시코와 비교해 볼 때 뛰어난 기록이고, 이에 대해 군사평의회는 자부심을 갖고 있다. 또한 경제성장률은 1976~81년간 7%대를 유지했다.

농업에 대한 집중투자가 이뤄지면서 불모지는 연어 양식과 꽃, 과일 재배지로 변모했다. 아옌데 정권 붕괴시 500개에 달하던 국영기업은 피노체트 시대로 들어서면서 절반 이상이 원소유주들에게 반환됐고, 나머지는 공개적으로 입찰, 국내기업이나 해외 기업들에게 매각됐다. 피노체트 경제의 강조점은 수출 증가와 농업생산력 향상에 두어졌다.

조용하 주칠레대사는 "과거 칠레는 좋은 날씨(weather), 아름다운 여성(woman), 질좋은 포도주(wine)가 유명해 3W의 나라로 불렸는데, 요즘 들어서는 생선(fish)과 꽃(flower), 과일(fruit) 생산이 많아져 3F의 나라로 불린다"고 소개했다. 70, 80년대 농업부문이 집중투자 대상이 되면서 포도주 이외 아무 것도 생산하지 못했던 농촌은 연어양식과 꽃, 과일 재배지로 변모했고, 특히 튜립의 나라 네덜란드에도 칠레산 튜립이 수출될 정도라는 것.

그러면 칠레의 자유시장경제가 정착하기 위해 피노체트 체제는 필요불가결한 것이었을까. 레렌 교수나 경제학 교수 출신 사회당 하원의원 카를로스 몬테스는 그렇지 않다고 대답한다.

우선 레렌 교수의 분석.

"칠레 사회에는 이미 1960년대부터 관료 및 지식인들을 중심으로 칠레 경제를 폐쇄적 집단주의에서 개방주의로 전환시켜야 한다는 논의가 있었다. 국가가 경제를 좌지우지하는데 반대해 자유시장경제를 펴야 한다는 주장이 시민사회 내에서 형성되기 시작한 것이다. 피노체트 군부가 권력을 잡았을 때, 지식인 사회에서는 이미 시장경제로 가야 한다는 동의가 이뤄져 있었다. 이런 점에서 시장경제의 전면확대는 아옌데 실험에 대한 대안이지 군부집권의 결과물은 아니다."

몬테스 의원은 "피노체트의 독재 덕분에 칠레 경제가 거듭난 것은 아니다"면서 "피노체트가 아니더라도 칠레는 고립주의에서 벗어났을 것"이라고 밝혔다. 그는 시카코 학파 경제학자이나 피노체트의 독재적 방식에 반대해 재야학자로 남아 있다 정권비판 이유로 탄압을 받았고, 81년 멕시코로 망명한 바 있다.

칠레 지식인들의 대안제시 작업은 피노체트 때만 이뤄진 게 아니다. 칠레는 남미국가에서 유일하게 피를 흘리지 않고 토지개혁을 한 나라다. 60년대 초 지식인들은 가톨릭 세력과 손잡고 "소수 봉건지주들만이 토지를 소유하는 것은 칠레 사회의 빈부 격차를 심화시키기 때문에 사회정의에 어긋난다"는 여론을 형성하며 이른바 '가톨릭 녹트린'을 성안, 기민당 정부로 하여금 평화적인 토지개혁을 할 수 있도록 길을 열었다.

구리가 유일한 자원이었던 빈국 칠레는 지식인 집단이 택한 토지개혁정책과 70~80년대 경제개방주의 논리에 힘입어 남미에서 가장 성장 잠재력이 높은 나라가 된 것이다.

21세기로 접어들면서 칠레는 또다른 모색을 하고 있다.

"20세기에는 미국을 바라봤으나 21세기에는 일본과 한국, 싱가포르를 바람직한 모델이자 파트너로 삼고 있다"는 아발로 바르돈 전 칠레중앙은행 총재의 말에는 이같은 고민이 드러나 있다.

피노체트 독재 10년만에 사회당 연합의 리카르도 라고스 체제가 들어선 것은 이같은 방향으로 전환하기 위한 노력으로 볼 수도 있다. 피노체트 때 약화된 노동권과 사회복지권을 강화시키려는 라고스 대통령의 사회민주주의적 개혁이 주목받는 것은 이 때문이다.

인터뷰 | 변호사 만프레드 빌헴미 |

만프레드 빌헴미 박사는 68년 가톨릭대학을 졸업한 뒤 71년 미국 프린스턴 대학에서 정치학 박사학위를 받았다. 중도적 입장을 지닌 변호사이며 민간 연구기관인 칠레태평양재단 이사장으로 있다.

― 라고스 대통령은 아옌데 이후 30년만에 당선된 사회주의자 대통령인데 경제정책이 달라지고 있는가?

"아옌데와 라고스는 아주 다르다. 정치의 연합 수준도 다르다. 70년 아옌데는 사회주의 혁명을 추구했고, 당시는 냉전시대였다. 오늘날 세계는 탈냉전시대로 바뀌었고, 누구도 민주주의와 시장경제의 원칙에 대해 부정하지 않는다. 70년대의 사회주의 실험은 아주 큰 실패였다. 피노체트 집권 때 경제를 시장경제 시스템으로 정착시켰고, 90년 민정이양 이후에는 이것을 더욱 발전시키기 위해 노력하고 있다."

― 기민당 출신 전 대통령과 사회당 출신 현 대통령 사이에 정책 차이가 있는가?

"정치적 스타일, 리더쉽에 차이가 있을 지라도 지향하는 바는 민주주의와 시장경제라는 점에서 크게 다르지 않다. 다만 라고스는 영국의 토니 블레어가 주창한 제3의 길을 지지하는 중도좌파이다. 개인적으로는 라고스가 강한 리더쉽을 지녔고 국민들과의 접촉도 훨씬 많이 한다는 점에서 차이가 있다. 라고스는 온건하고 현실주의적인 사람이다. 칠레 사회당 또한 매우 온건하고 많은 부분에서 쇄신을 이뤘다."

— 피노체트 17년을 어떻게 생각하나?

"17년간 피노체트는 중요한 역할을 했다. 칠레를 대외에 개방했고 내부적으로 경제를 발전시켰다. 그러나 부작용도 크다. 아직도 군정의 잔재가 많이 남아 있고 군인사가 당연직으로 포함되는 상원의원 제도도 문제가 많다. 피노체트는 독재를 폈지만, 아직도 국민의 43% 정도는 그를 지지한다."

— 남미의 군정과 칠레의 군정의 차이점은 무엇인가?

"칠레는 군정 때 외국투자를 받아들이고, 개인소유권을 보장하고, 범죄와의 전쟁을 펼쳤다. 페루와 아르헨티나는 그렇지 못했다."

— 칠레의 군인들이 다른 나라와 달리 경제개발에 성과를 보인 원인은 어디 있다고 보는가?

"피노체트는 집권후 시카고 학파로 불리는 경제학자들을 경제참모로 삼아 경제개발정책을 펼쳤다. 또한 피노체트 자신이 부정부패하지 않았고, 피노체트의 관료들 또한 그랬다."

— 부정부패가 적었던 원인은 무엇인가?

"칠레에서 부정이라고 하는 것은 친구의 일자리를 소개시켜 주는 정도이다. 부정부패가 나쁘다는 것은 옛날부터 내려오던 관습이다."

− 칠레에서는 공무원이 인기있는 직업이고 부정부패하지 않은 것으로 알려져 있다. 월급이 많기 때문인가, 아니면 다른 인센티브가 있기 때문인가?

"공무원이 되려는 이유는 따로 있는 게 아니라 개인 회사에서는 고용이 불안정하고 퇴직후 연금도 불확실한데, 공무원은 그렇지 않기 때문이다."

− 칠레 경제모델의 특징은 무엇이라고 보는가?

"아시아와 비슷한 경제성장을 이뤘기 때문에 칠레 모델이라는 말이 나온 것 같은데, 칠레의 특징은 자유시장주의, 자유무역주의이다."

− 칠레가 바람직한 모델로 삼는 나라가 있는가?

"19세기 초에는 영국과 프랑스, 후반에는 독일을 바라봤고, 20세기에는 미국을 바라봤다. 21세기에는 일본과 한국, 싱가포르를 바람직한 파트너로 삼고 있다."

인터뷰 | 정치인이 된 해직교수 **카를로스 몬테스** |

카를로스 몬테스 사회당 하원의원(55)은 칠레 가톨릭대 경제학과 출신으로 이 대학의 대학원장까지 지냈다. 사회당을 지지하다 피노체트 군부에 밉보여 1년간 투옥됐으며, 멕시코에서 4년간 망명생활을 했다. 90년 정치자유화 이후 사회당 하원의원에 당선되어 정치활동을 시작했다.

몬테스 의원은 "진보적 지식인으로서 군부독재에 맞서 싸웠고, 민정이양 이후 정계에 투신했으나 현실정치의 벽은 높고 강건하다는 것을 실감하고 있다"면서 "민주주의로 가는 길이 험난하다는 것을 새삼 알게 됐다"고 털어놨다.

- 라고스 대통령 체제 출범 후 민심 동향은 어떤가?

"라고스 대통령은 아옌데 정권 이후 30년만에 등장한 사회주의 정당 정권이다. 그러나 라고스 대통령은 상대 후보인 여당의 라빈 후보와 막상막하로 경쟁했고, 48%의 지지를 얻어 승리했다. 2000년 말 구청장 선거 때 여당은 40% 정도의 지지밖에 얻지 못해 많은 구에서 패했다. 사회주의 정당이 집권했으나 경제가 어렵고 일자리가 여전히 부족해 민심이 이반하고 있다는 증거다."

- 라고스 대통령이 집권 후 역점을 두는 것은 어떤 것인가?

"정치에 대해 애써 무관심하려는 일반인들에게 정치에 관심을 갖게 하는 것, 그리고 피노체트가 권좌에서 물러난지 10년이 되도록 남아 있는 군정의 잔재를 없애 정치를 정상화시키려는데 중점을 두고 있다. 예컨대 모네다 대통령궁을 일반에게 개방, 대통령이 집무하는 대통령궁을 누구나 방문할 수 있게 했다. 그럼에도 불구하고 칠레 정부는 아직도 피노체트 체제의 잔재를 너무 많이 안고 있다. 우선 공무원들이 과거 피노체트 때부터 일해온 이들이 대부분이다. 새로운 체제를 만들기 위해서는 새로운 마인드를 지닌 공무원들을 충원해야 하는데 이것이 쉽지 않다.

피노체트의 아들들이라고 할 수 있는 기민당 등 야당은 피노체트 잔재 청산에 비협조적이고, 언론 또한 라고스 체제에 호의적이라기보다는 야당쪽에 우호적이고, 돈많은 기업주들은 노동법 개정이 너무 노동자쪽만을 고려한 것이라고 반발하고 있다. 개혁세력이 구체제의 인사들에 의해 포위되어 제대로 일을 하지 못하고 있다."

- 군정이 끝난지 10년이 지났는데, 군정의 잔재를 얼마나 씻어냈다고 보는가?

"법적으로는 많은 변화를 했으나 구체제 인사들이 그대로 사회 요직을 차지하고 있고, 정책결정자들의 사고 또한 군정체제에 굳어져 있어 개혁을 추진해 나가기에는 어려운 점이 많다."

- 지난 90년 발파라이소로 이전된 의회는 언제 산티아고로 돌아오게 되는가?(피노체트는 73년 쿠데타 후 의회를 해산했으며, 90년 민정이양이 있은 후 비로소 의회가 구성되게 됐다. 그러나 피노체트는 정당정치에 대한 불신 때문에 산티아고가 아니라 수도에서 120km 떨어진 항구도시 발파라이소에 새 의사당을 만들었다)

"2001년 총선이 끝나면 산티아고로 올 것이다. 관련 법은 이미 의회를 통과했다. 그러나 발파라이소 주민들이 반대하고, 이전하기 위해서는 많은 경비가 들어 어려움이 있는 게 사실이다."

― 교수에서 정치인으로 변신한 이유는?

"81년 사회당을 지지하다가 피노체트 군부에 의해 지명수배되어 도망을 다니다 체포, 투옥됐고, 이후 4년간 멕시코로 추방됐던 경험이 있다. 칠레로 돌아온 뒤 곧바로 사회당에서 활동했고, 90년 민정이양 때 출마, 하원의원이 됐다."

― 교수에서 정치인이 된 후 칠레의 정당정치에 대해 느끼는 소회는?

"하원의원이 되어 정치를 해보니 사회당의 시스템이 상당히 뒤떨어져 있다는 것을 느꼈다. 국민들이 골고루 잘 살 수 있도록 하는 정치를 하려고 하는데 현실의 벽이 너무 높다."

― 과거 피노체트에 반대했던 인사들이 정부나 의회에 얼마나 참여하고 있는가?

"의회와 정부관료의 대략 40% 정도는 반피노체트 진영에 섰던 사람들이다. 그러나 피노체트에 충성했던 인사들이 아직도 60% 가량 자리를 차지하고 있어 문제다."

― 경제학자로서 피노체트 체제의 경제정책에 대해 어떻게 보는가?

"나도 시카코학파적 입장에서 경제이론을 공부한 사람이다. 칠레의 시카코학파 학자들은 대개 피노체트를 지지했으나 나같은 사람을 포함해 몇 명은 피노체트의 독재적 방식에 반대했다. 자유무역을 주장하고 대외개방을 주장한 시카코학파의 주장이 칠레에 도움이 된 게 사실이지만, 당시 그들의 주장이 모두 맞은 것은 아니다.

예컨대 시카고학파들이 의료보험 등까지 자유시장에 맡기려 하는 것은 문제가 많다고 생각했다. 칠레는 자유시장경제, 자유개방경제를 통해 발전할 수 있었는데, 그 과정에서 희생이 너무 컸다. 70년대 당시 상황에서 피노체트가 아니더라도 칠레는 고립주의에서 벗어날 수밖에 없었다. 피노체트가 필연의 존재는 아니라는 말이다."

― 73년 상황에서 피노체트 쿠데타 이외에 대안이 있었다고 보는가?

"아옌데는 73년 초 국민들에게 재신임을 물어 정부를 내놓겠다고 했다. 73년 3월 아옌데 당은 구청장 선거에서 43% 지지를 얻었다. 70년 대통령선거 때 아옌데가 얻은 득표율은 37%에 불과했다. 지지율이 올라간 것이다. 그런데 9월에 쿠데타가 일어났다."

― 사회당의 경제정책을 한마디로 말하면?

"사회민주주의 정책을 추진한다는 것이다. 경제를 성장시키면서 교육과 보건, 의료보험을 통해 민생에 도움이 되는 정책을 펴는 것이다. 그런데 경제가 어려워서 걱정이다."

― 칠레의 빈부격차 문제는 어떤 수준인가?

"칠레에는 예전부터 빈부격차가 있었는데 피노체트 때 더욱 심화됐다. 못사는 사람들의 생활수준은 조금 올라갔지만, 부자들의 수준은 엄청나게 향상됐다. 국회는 이같은 상황을 시정해야 하지만 국회가 정부에 비해 힘이 없어 어렵다."

― 정치 무관심이 높고 투표율이 낮아지고 있다고 일부에서 걱정하고 있는데…

"청년들이 정부를 중요하게 생각하지 않는게 사실이다. 대안을 아직 마련하지 못하고 있다."

― 칠레가 다른 남미국가에 비해 비교적 청렴한 원인은 어디 있다고 보는가?

"이미 1930년대 이래부터 칠레에는 부정부패가 거의 없었다. 피노체트 때 많은 부정부패들이 있었는데, 이것이 사회 전반적인 수준이 아닌 것은 사실이다. 그렇지만 국영기업 민영화나 해외매각과정에서 리베이트가 오갔을 것이고, 실제 피노체트 아들의 부정부패 연루 사실이 1991년 공개됐다."

― 1973년 쿠데타 이후 군부가 구리 수출액의 10%를 합법적으로 가져간다고 하는데, 어떻게 가능한 것인가?

"피노체트가 법을 그렇게 만들어 1년에 3억 달러 정도를 군이 합법적으로 가져갔다. 군정 이후 이것을 바꾸려는 시도가 있었지만 번번이 실패했다. 물론 국방비는 매년 정기예산에서 지출된다."

한국산 전자제품의 인기

　대외개방 속에서 국가발전의 길을 찾은 칠레는 중남미 국가에서 가장 개방되고 안정된 시장을 갖고 있으며, 중남미 국가중 금융신용도가 최상위로 꼽히는 나라다. 또한 남미 어느 국가보다 대외 교류에 힘을 쏟고 있다.

　칠레는 1994년 남미국가로는 처음으로 아시아태평양경제협력체(APEC)에 가입했고, 96년 브라질, 아르헨티나, 우루과이, 파라과이 등이 회원국으로 있는 남미공동시장 메르코수르의 준회원국으로 가입했다. 아시아와 태평양경제권을 잇는 가교이자 아시아와 남미 시장을 연결하는 관문 역할을 하겠다는 구상이다.

　또한 캐나다와 멕시코, 과테말라, 엘살바도르, 온두라스, 니카라과, 코스타리카 등 7개국과 자유무역협정(FTA)을 체결했으며, 한국과 FTA 막바지 협상을 벌이고 있다. 또한 미국과 캐나다, 멕시코가 회원인 북미자유무역협정(NAFTA)에 가입하기 위해 전력을 기울이고 있다.

　칠레가 이렇게 대외개방에 적극적인 것은 산업구조가 취약하기 때문에 개방에서 살길을 찾으려 하기 때문이다. 칠레 산업구조에서 광업부문이 국가경제에서 차지하는 비중이 커서(GDP 10%) 국제 구리 가격의 변동에 따라 경제 전반이 큰 영향을 받는다. 또한 제조업이 미발달해 있으며, 시장 규모도 작은 게 흠이다. 인구 1천 5백만 명, 연간 수입규모 140억 달러에 불과하다.

칠레 경제는 1995~97년 매년 7% 이상의 성장을 기록했으나 98년 하반기 이후 수출의 30%를 점하고 있는 구리의 국제가격 하락 및 금융위기를 겪고 있는 아시아 국가들에 대한 수출감소 때문에 성장이 둔화, 98년 3.4%를 기록했다. 99년에는 브라질, 아르헨티나를 비롯한 중남미 경제 전체의 불안, 기업 투자 및 민간소비 위축 등으로 마이너스 1.1% 성장을 기록했다.

▶ 산티아고 시내 의류상가. 한인 교포들이 상권을 잡고 있다.

칠레 경제는 이렇게 취약하나 한국·칠레 FTA 협상이 급물살을 타면서 양국간 교역은 해가 갈수록 발전하고 있다. 한국은 99년 기준 칠레의 6대 수출대상국이자 11대 수입대상국이다.

99년 한해 동안 한국은 칠레에 4억 5천 5백만 달러어치의 자동차와 세탁기, 냉장고 등을 수출했고, 8억 1천 5백만 달러어치의 구리 등 원자재와 농수산물을 수입했다. 이 가운데 구리가 전체 수입액의 57.53%인 4억 6천 903만 1천 달러이다.

한국은 칠레에 공산품을, 칠레는 한국에 원자재와 농수산물을 파는 상호보완적 교역관계인 셈이다.

칠레에서 가장 인기있는 한국 상품은 자동차와 가전제품들이다.

주 칠레 한국대사관에 따르면 99년 수출품목별 칠레 수입시장 점유율은 세탁기(73.1%)와 냉장고(60.2%), 전자렌지(61.5%), 청소기(34.6%), 자동차 배터리(55.3%)가 나란히 1위를 차지했고, 엘리베이터(30.7%), 자동차(26.2%) 등은 2위를 차지했다. 이 때문에 칠레에서 우리나라 제품의 인지도는 최고수준이며, 칠레 시장은 실상 우리 기업 제품의 독무대라는 얘기도 나오고 있다.

칠레의 수입시장에서 한국 상품이 점유하는 비율은 3.0%로 미국, 아르헨티나, 브라질, 중국, 일본, 독일, 멕시코에 이어 8번째다. 산티아고 시내에서 현대자동차와 대우자동차를 만나는 것은 더 이상 신기한 일이 아니다. 칠레의 경제가 회복할 경우 전체 수입시장에서 우리나라가 차지하는 비율은 점차 늘어날 것이라는 전망이 나오고 있다.

한·칠레간 교역량은 현재 추진중인 자유무역협정이 체결될 경우 훨씬 늘어날 것으로 보인다. 98년 11월 아시아태평양경제협력체(APEC) 정상회의에서 한·칠레 정상이 자유무역협정을 체결키로 합의한 뒤 양국은 당국간 고위실무회담을 여러 차례 개최, 현재 거의 완결상태에 와있다.

한·칠레 자유무역협정 협상에 나섰던 정의용 주제네바 대사는 "한·칠레간 FTA가 체결될 경우 우리 농가에서는 칠레의 과일, 특히 포도에 대해 경계하고 있으나, 우리나라의 냉장고, 에어컨, 세탁기, 자동차 등을 무한하게 팔 수 있는 곳이 칠레다"라고 전망하고 있다.

외교통상부 다자통상국 관계자는 한·칠레 FTA 문제와 관련, "우리 농민들은 칠레의 값싼 과일 수입에 대해 우려하고 있으나 칠레의 산업계는 오히려 FTA로 인해 한국산 가전제품과 자동차가 밀려들 것을 걱정한다"고 말했다.

한편 칠레가 외국에 수출하는 과일은 연평균 15억 달러이고, 이 가운데 우리나라는 매년 2천만 달러 정도를 수입하는 것으로 집계됐다. 우리나라는 매년 1백억 달러어치의 외국산 농산물을 수입하고 있다.

인터뷰 | 전 대통령비서실장 **에두가르도 베닝거** |

에두가르도 베닝거 야당 상원의원(76)은 가톨릭대학 공과대와 상경대를 졸업한 뒤 미국 UCLA대에서 정치학을 공부했다. 칠레대 경제학 교수와 칠레대 총장을 역임했고, 피노체트의 정권 이양 후 첫 민정 대통령인 아일윈 대통령의 비서실장을 지냈다. 칠레태평양재단 주요 멤버이며, 98년 프레이 대통령 때 상원의원에 당선, 의정활동을 하고 있다.

― 피노체트 군정후 민정의 첫 대통령인 아일윈 시대에 어떤 것이 가장 힘들었는가?

"피노체트가 정부수반에서 물러나 군최고사령관으로 존재하고 있었기 때문에 정치를 자유화시키는 과정이 쉽지 않았다. 당시 아일윈 대통령은 군인들이 정치에서 손을 떼고 본연의 위치로 돌아갈 수 있도록 여러 조치를 마련했다. 또한 군으로 하여금 군정시대에 실종된 인사에 대해 공개하라고 압력을 가했고, 군정 때 왜곡된 경제적 관행을 고치려 했다."

― 민정 첫 대통령인 아일윈 체제에 대해 어떻게 보는가?

"민정의 기반을 마련했다고 본다. 군이 본연의 임무에 충실할 수 있도록 했다. 피노체트를 군총사령관에서 물러나도록 해 당연직 상원의원에 머물도록 했다. 또한 군부독재 시대 실종된 2만여 명에 대해 정부가 직접 법원을 통해 진상규명을 하도록 했다. 이 결과 실종자 문제에 관련된 경찰과 군인이 법정에 서게 되어 상당수가 형사처벌을 받았다. 또한 경제문제와 관련, 농촌경제 살리기에 역점을 두어 1991~94년까지 경제성장률이 7%까지 다달았다."

- 칠레가 민주화된지 10년이 지났는데, 앞으로 어떤 노력이 더 필요하다고 보는가?

"지금 집권당이 사회당이지만 앞으로 민주주의의 발전에는 별다른 변화가 없을 것이다. 여야가 근소한 차이로 경쟁하고 있기 때문에 어느 한편에 치우친 정책을 펴기 어려울 것이다."

- 군정을 겪으며 젊은이들의 정치의식이 너무 약화되고 있다는 지적이 있는데…

"세계적으로 정치문제에 관심이 없는 젊은이들이 늘고 있다. 칠레같은 경우 정치에 관심이 없던 젊은이들도 나이 40이 지나면 점차 정치에 관심을 갖게 된다. 큰 걱정을 할 필요가 없다."

- 칠레 군부가 다시 쿠데타를 할 가능성은 완전히 사라졌다고 보는가?

"다시 정치의 전면에 나설 가능성은 없다. 밖에서는 칠레를 어둡게 보지만 칠레의 미래는 밝다."

- 라고스 대통령에 대해 어떻게 보는가?

"지적인 능력이 뛰어나고 리더쉽이 있다."

– 30년만에 출현한 사회당 정권에 대해 어떻게 생각하는가?
"아옌데 체제가 불행하게 붕괴됐는데, 칠레의 정치지형을 정상화하고 중립화하는데 굉장한 도움이 된다고 본다."

개발독재 청산의 어려움

칠레 사람들에게 가장 싫어하는 직업이 뭐냐고 물으면 열에 아홉은 군인과 정치인이라고 대답한다. 70년대 이전만 해도 군인들을 규율있고 교양있는 집단으로 받아들였지만, 피노체트 개발독재를 겪으면서 사람들은 더 이상 군인들을 존경하지 않게 됐다.

정치인도 마찬가지다. 2세기에 걸친 의회민주주의 전통을 자랑하는 칠레인들이지만 피노체트가 강요한 정치혐오 풍조 때문인지 더 이상 정치인을 존경하지 않는다.

그런 점에서 군인 출신 상원의원인 아우구스토 피노체트는 칠레인들이 극복해야 할 과제다. 2000년 3월 영국에서 칠레로 돌아온 뒤 피노체트 문제는 칠레의 뜨거운 감자가 됐다. 국민들의 절반 이상은 군부독재기 피노체트의 권력남용 책임을 물어야 한다는 입장이지만 피노체트는 여전히 군부의 실력자이기 때문에 쉽게 처단하기 어렵기 때문이다. 피노체트 처단을 요구하는 시민들의 목소리가 커지면 커질수록 군부 보수파들의 불만도 거세지고 있다.

군장성들은 공공연히 "피노체트의 죄를 물을 경우 안좋은 일이 생길 수도 있다"고 시위를 벌여 산티아고 시민들을 긴장시킨 적이 있다. 현지 전문가들은 민정 이양 후 10년이 지났기 때문에 군이 다시 쿠데타를 할 가능성은 없다고 단언하지만, 군은 여전히 공포의 권력집단이다.

군 우대 관행은 사회 곳곳에 남아 있다. 피노체트 때부터 군은 매년 구리 수출액의 10%를 커미션으로 징수했는데, 이런 관행은 민정이양 10년 후까지도 이어지고 있다. 국방예산 이외에도 매년 최소 3억 달러에서 6억 달러가 군으로 투입되는 것이다.

리카르도 라고스 사회당 정부조차 군의 이같은 관행을 시정할 엄두를 내지 못하고 있다. 육·해·공 장성 출신들은 임명직인 상원의원에 당연직으로 배정된다. 군부독재 시절 실종된 2만여 명의 진상규명작업이 민정이양 직후부터 시작됐으나 일부 군인들만 형사처벌을 받았을 뿐 아직도 지지부진하다. 이 문제도 군부와 연결되어 있기 때문이다.

군뿐만이 아니다. 피노체트의 아들들은 정치·경제·사회 구석구석에 중요한 자리를 차지하고 있다. 민정 이양 후 10년이 흘렀지만 피노체트에 충성했던 인사들은 정·관계에 아직도 60% 가량 남아 있는 것으로 추산된다. 피노체트식 개발독재 마인드에 굳어진 공무원들은 리카르도 라고스 사회당 연립정부에 노골적인 불만세력으로 남아 있다.

기민당 등 야당과 보수언론은 피노체트 잔재 청산에 비협조적이고, 피노체트 정권의 기업우선주의 정책에 안주해온 기업가들은 라고스 정부의 노동법, 사회보장법 개정이 너무 노동자쪽만을 고려한 것이라고 반발하고 있다.

사회당 카를로스 몬테스 하원의원의 말처럼 "개혁이 극우기득권 세력에 포위되어 한 발자국도 나가지 못하고 있는 셈이다."

시민사회의 건강성이 사라진 것도 칠레 개혁을 정체시키는 요인 중의 하나다. 70년대 초 노동자의 30%가 노조 소속이었으나 90년 피노체트의 민정이양시 노동자 조직률은 10%로 감소했다. 피노체트 군사독재 기간중 실시된 노동자 압살정책으로 인해 노조가 해체되면서 노동자들의 조직활동도 탄력을 잃게 된 것이다.

피노체트가 쿠데타 후 의회를 해산하고 정당을 불법화한 이래 시민들의 정치 무관심도 확대됐다. 모든 정치활동을 불온시했던 피노체트 독재를 거치면서 시민들은 정치에 대해 관심을 갖는 대신 소비에 탐닉하기 시작했다.

▶ 외무부 청사가 된 칠레 국회의사당.
아우구스토 피노체트는 73년 쿠데타 후 의회를 해산시키고 의사당 건물에 외무부를 입주시켰다.

살바도르 아옌데 사회주의 정부 이후 30년만에 출범한 사회당 연립정부의 라고스 대통령이 제일 우선을 두는 것은 개발독재시대 굳어진 정치불신 관행을 고치는 것이다. 사회 곳곳에 남아있는 군정의 잔재를 없애 정치를 정상화시켜야 경제도 발전할 수 있다는 논리다.

이를 위해 라고스 대통령은 2000년 3월 집권하면서 산티아고 대통령궁을 일반에게 개방, 대통령이 집무하는 대통령궁을 누구나 방문할 수 있게 했다. 그럼에도 불구하고 칠레 시민들은 아직도 군정의 악몽에서 벗어나지 못하고 있다.

가톨릭대학교의 알프레도 레렌 교수는 "개발독재시대를 거치며 칠레의 시민사회는 자율성을 상실해 칠레는 국가 오리엔트된 사회가 됐다"고 지적하면서 "칠레 사람들이 과거의 건강한 시민의식을 회복하지 않는 한 더 이상의 발전은 기대하기 힘들다"고 지적했다.

70, 80년대 개발독재시대를 거치며 칠레의 1인당 국민총생산은 4배 이상 늘어났고, 칠레 경제는 후진국에서 비상하여 개도국으로 변모했다. 하지만 90년 민정 이양 후 칠레 경제는 뚜렷한 성과를 내지 못하고 있다. 이같은 이유에 대해 일부에서는 70, 80년대 피노체트 개발독재 시절 외형적 성장에 치중한 나머지 칠레 고유의 산업모델을 만들어내지 못했기 때문이라는 지적을 하고 있다.

70, 80년대 개발독재시대를 거치며 경제규모는 커졌지만, 칠레는 여전히 1차산업 위주의 산업구조를 갖고 있고, 2차산업은 여전히 수입에 의존하고 있다. 칠레 경제가 이같은 기형적 구조를 유지하고 있는 것은 피노체트 독재가 끝난 지 10년이 지났어도 여전히 개발독재 마인드에서 탈피하지 못하고 있기 때문이라는 지적이다.

한 역사학자는 이렇게 말했다.

"칠레는 라틴아메리카에서 경이로운 존재다. 동아시아의 4마리 호랑이에 비견될 만한 남미의 호랑이다. 그러나 칠레는 아직 어리고 경험이 없어 자신의 먹이를 찾는 데 익숙치 못한 그런 호랑이다."

스페인병 증후군의 남미병
베네수엘라
Venezuela

베네수엘라 | Venezuela

남미 대륙 북단에 위치한 베네수엘라는 면적이 91만 2,050㎢로 남한의 9배 정도되며, 인구는 2천만 3,400명(98년 기준)으로 메스티조가 전체의 67%, 백인이 21%, 흑인 및 인디언이 12%에 달한다.

1498년 콜럼버스가 3차 항해 때에 발견, 1499년 스페인 식민지가 되었었고, 1811년 독립선언 후 오랜 내전 끝에 시몬 볼리바르가 이끄는 독립군이 승리해 1830년 베네수엘라 독립공화국이 됐다.

그러나 독립 이후 군인들의 쿠데타가 잇따라 군정과 민정이 반복되고, 정치·경제·사회계의 부정부패가 만연되는 등 사회혼란이 계속됐다.

우고 차베스 대통령은 92년 공수부대 중령으로 쿠데타를 이끌다 투옥됐던 인물로 1998년 12월 총선에 출마, 대통령에 당선됐다.

이후 차베스 대통령은 사법부 개혁, 의회 해산, 제헌헌법 등을 마련하면서 국가 요직에 군인사를 등용, 사실상 군부집권 사회가 됐다. 2000년 7월 대통령선거를 통해 재집권, 사회체제를 쿠바식으로 바꾸는 대실험을 계속중이다.

차베스 대통령은 남미 학자들로부터 "아르헨티나의 후안 페론, 페루의 알베르토 후지모리와 같은 포퓰리스트 지도자"라는 혹평을 받고 있으나 베네수엘라에서는 상당한 인기를 얻고 있다.

주요 생산물은 석유로, 국제유가가 오르면 경제가 활성화되고, 유가가 떨어지면 경제가 파국에 이르는 전형적인 석유의존 경제를 갖고 있는 나라다.

1인당 GNP는 2,800달러(2000년 기준)이지만 인구의 67% 이상이 빈곤선 이하의 극빈층일 정도로 빈부격차가 커 사회가 불안정하다.

스페인병 증후군의 남미병

고유가 행진이 지속되는 요즘 베네수엘라의 수도 카라카스 시내의 유명 백화점들은 퇴근시간과 함께 주머니가 두둑해진 쇼핑객으로 넘쳐나고, 주변 도로는 거의 마비상태에 빠진다.

최근 석유수출국기구(OPEC)가 석유생산 감축에 합의해 고유가 시대에 접어든 것은 우리에겐 고통이었지만, 세계 2위의 석유 수출국인 베네수엘라에는 경사이기 때문이다.

외부 세계에서는 우고 차베스 대통령의 정책에 대해 21세기 미래를 준비하기보다 인기정치에 치중하는 전형적 포퓰리스트라며 위험한 시각으로 보는 사람들이 많지만, 정작 베네수엘라 내부에서는 그렇지 않다.

카라카스에서 만난 트럭 운전사 카를로스 세인씨는 차베스 대통령을 일컬어 "우리나라의 자존심을 지켜준 영웅"이라고 말했다. 사람들은 하루가 멀다하고 라디오와 TV로 중계되는 차베스의 연설을 듣는다.

"원유를 뽑아 정제하는 데 들어가는 비용이 얼만데, 물과 콜라값보다 싸다는 것은 얼토당토 않다."

차베스의 고유가론이다. 차베스 대통령은 미국의 반대 속에서 이라크와 리비아 방문을 결정했고, OPEC 회의를 카라카스에 유치하며 석유 외교를 펼쳐 감산 합의의 단초를 마련한 장본인이다.

세계 역사에서 흔히 '스페인병'으로 통하는 말이 있다.

신대륙 발견 이후 한때 세계를 호령했던 스페인이 식민지로부터 쏟아져 들어오는 금과 은에 눈이 멀어 결국 쇠망의 길로 접어들었다는 것이다. 중남미 국가중 스페인병 증후군을 갖고 있는 나라가 베네수엘라다.

▶ 아빌라산에서 본 카라카스시 전경. 온화한 기후와 쾌청한 날씨가 특징이다.

80년대 이래 국제 원유가의 등락 속에 수없이 많은 경제위기를 치르고 걸핏하면 모라토리엄(외채지불유예)을 선언하는 혼란을 겪어왔다. 위기의 심각성이 노출되면 간혹 구조조정과 개혁을 계획했지만 실행하지 못했다. 떨어진 유가가 언젠가 다시 오를 것이란 기대 때문이었다.

베네수엘라에서 석유 수출이 시작된 것은 1917년부터다. 당시는 네덜란드의 로열 더치 셸이 발굴에 처음 나섰고, 1928년에는 걸프 오일, 스탠더드 오일 등 100여개 외국회사들이 진출해 중남미 최대의 석유수출기지를 건설해 갔다. 1930년대 세계가 대공황에 허덕일 때에도 이 나라는 상대적으로 안정된 경제를 향유할 수 있었다.

베네수엘라인들은 이를 믿고 지난 80년대 다른 개발도상국들이 뼈를 깎는 구조조정에 착수할 때에도 자신들은 예외라고 여겼다.

▶ 세계 제2 산유국인 베네수엘라 라크루스항의 정유공장.
석유자원이 과연 베네수엘라 국민들에게 축복이었는지 단언하기 어렵다.

지금도 베네수엘라의 총수출 200여 억 달러에서 석유가 차지하는 비중은 80%를 상회한다. 멕시코에서도 석유는 지난 80년대 초 총수출의 70% 이상을 차지했었지만, 유가 폭락을 경험한 뒤부터는 제조업 부흥에 힘써 지금은 그 비중을 20% 수준으로 떨어뜨려 대조적이다.

이렇게 된 데는 민주행동당(AD)을 창당한 민중지도자 로물로 베탕쿠르의 영향이 크다. 그는 1945년에 이어 1958년에도 집권하여 석유자원을 기반으로 한 복지정책, 농지개혁을 대대적으로 펴 그 유산이 오늘까지도 베네수엘라인들의 의식을 지배하고 있다. 베탕쿠르는 OPEC 창설도 주도했던 인물이다.

1차 석유파동이 있던 지난 73년 석유수입이 4배나 뛰어오르자 카를로스 안드레스 페레스 대통령은 식량 등 생필품에 대한 국가보조를 신설했고, 76년에는 정부지출을 메우기 위해 모든 석유회사들을 국유화했다. 국민들의 기대는 마냥 부풀어졌다.

베탕쿠르 이후 지난 40년간 베네수엘라는 민주행동당과 기독교 사회당(COPEI)이 번갈아 집권했다.

로스안데스대의 이스마엘 세하스 교수(사회학)는 "베네수엘라는 겉으로 보기에는 안정된 민주주의였지만, 안으로는 부패한 두 당이 결탁하여 장기집권한 것에 불과하다"고 분석했다.

1979년 기사당의 루이스 에레라 캄핀스 대통령은 베네수엘라 경제에 대수술이 필요하다며, 본격적인 긴축에 착수할 것을 선언했다.

그러나 공기업들은 이미 방만한 경영문화에 길들여져 있어 비협조적이었고, 노조는 총파업으로 맞섰다. 80년부터는 외화의 해외유출이 본격화해 한 해에 100억 달러 가량이 빠져 나갔고, 결국 83년 첫 모라토리엄을 선언하고 말았다.

89년 다시 집권한 페레스는 베네수엘라 정치사상 처음으로 본격적인 구조조정을 개시했지만, 극심한 사회혼란만 야기시키다 결국 1,700만 달러의 비자금을 조성한 혐의로 탄핵당하고 말았다.

필자는 98년 대선 직전 경제개발부 차관을 만난 적이 있다. 경제재건방침을 묻자, 그는 대뜸 "한국에서는 무엇이 나느냐"면서 "우리는 석유·알루미늄·철광석 등 필요한 모든 것을 갖고 있다"고 자랑스럽게 말했다.

 석유는 베네수엘라 국민에겐 지나친 기대를, 공직자에겐 안이한 자세와 부패를, 그리고 정부-국민간에는 불신만을 남겼다. 베네수엘라에 있어 석유는 부의 원천인 동시에 시민의식을 병들게 하고, 미래를 향한 구조조정과 국가 발전을 가로막는 마약도 되는 셈이다.

1989년 IMF 시대의 정국

　우리나라에서는 지난 97년 당한 외환위기가 '국제통화기금(IMF) 위기'로 통하곤 했다. IMF가 위기를 맞은 것이 아니므로 이는 부정확한 표현이었지만, 외환위기의 공용어로 사용되곤 했다.
　국제사회에서 IMF와 관련된 또다른 표현을 만든 나라가 베네수엘라다. 'IMF 폭동'이 처음 일어난 곳이기 때문이다. IMF가 요구하는 구조조정에 반대하는 폭동이 지난 89년 발생한 이래 수 차례 반복되면서 수천명의 사상자를 냈고, 군부도 두번이나 쿠데타를 시도했다.
　70년대 말 석유부국의 꿈에 젖어 있던 베네수엘라인들에게 IMF의 구조조정 요구는 자존심을 건드리는 것이었다.
　베네수엘라가 83년 처음으로 모라토리엄(채무지불유예)을 선언할 수밖에 없었던 것도 IMF의 구조조정 조건을 받아들여야 채무상환을 연기해 주겠다는 국제채권단의 요구를 거절했기 때문이었다.
　경제가 파탄 일보 직전으로 치닫는 상황에서 83년 당시 기독교사회당 캄핀스 정부는 12월 대선을 의식해 IMF에 무조건적인 구제자금을 요구했다가 거절당했다. 캄핀스 대통령은 IMF와의 협정체결을 대선 이후로 미루었다.
　그러나 선거는 IMF와의 협정 반대를 내세운 민주행동당(AD) 소속 하이메 루신치 후보의 승리로 끝났다.

루신치는 당시 주변 국가들이 취한 정책과는 정반대로 팽창정책을 반복했다. 보다못한 채권은행들은 88년 IMF와 협정을 체결하지 않으면 채무상환 연기는 물론 신규차관 제공을 모두 끊겠다고 경고했다.

89년 2월 페레스 대통령은 IMF와의 협의 하에 공공요금 인상 등 긴축정책을 발표했다. 과거의 석유붐 시대를 그리며 페레스를 뽑은 유권자들의 실망과 분노가 폭발했다.

2월 27일 카라카스 시내는 약탈과 폭력무대로 돌변했다. 이 폭동은 군대의 힘으로 겨우 진압됐다. 'IMF 폭동'으로 300여 명이 사망하고, 수천 명이 부상했다.

IMF 시절 베네수엘라는 92년 2월과 11월 군부의 쿠데타 시도를 맞으며 극도의 혼란으로 빠져 들었으나, 96년 말 유가가 급상승한 후부터 상황이 달라졌다. IMF와의 거래가 불필요해진 것이다.

이후 98년 12월 쿠데타에 실패해 투옥됐던 공수부대 중령 차베스가 대통령에 당선됐다.

인터뷰 | 언론인 마리오 테페리노 라벤 |

마리오 테페디노 라벤(60) 베네수엘라 전국경제인연합회 국제부장은 전직 대사 출신으로 멕시코, 쿠웨이트, 볼리비아 등지에서 외교관 생활을 했다. 이후 국제경제 분야의 해박한 지식과 넓은 지면을 인정받아 재계로 영입된 인물이다.

- 베네수엘라 경제는 유가상승으로 붐을 맞고 있는가?

"99년 정국불안 여파로 7.2% 하락했다가 지난해 석유붐과 정부의 지출확대로 1.5% 상승해 약간 숨통이 트였을 뿐이다. 최근의 소비붐은 소비자들이 상대적인 풍요를 느끼면서 과소비를 하는 것이다."

- 그렇다면 경제전망이 밝지 않다는 말인가?

"공식통계 14%의 실업률(미국 CIA 99년 말 기준 각국 통계에 따르면 18%)이 말해주듯 경제는 극히 어렵다. 30달러를 넘어섰던 유가가 25달러선으로 내렸는데, 앞으로 21달러 이하로 떨어질 경우 베네수엘라는 다시 긴축정책을 검토해야 할 것이다."

― 경제안정을 위해 경제인들이 바라는 것은 무엇인가?

"기업인들이 공통된 입장을 갖고 있다고 말할 수 없다. 정부보호 속에서 성장하는 측과 개방으로 이득을 보는 측이 나눠 있기 때문이다. 일반적으로 공기업을 민영화하고, 기업활동을 촉진시키는 조치를 바라지만, 아직 정치적 난제가 많다."

― 정치적 난제란 무엇을 말하나?

"과거의 부정부패로 인해 정부와 기존체제에 대한 국민의 불신이 크다. 그래서 국민은 결국 98년 대통령 선거에서 쿠데타 전력을 갖고 있는 제3의 인물을 대통령으로 선출했다. 현정부는 혁명을 부르짖고 있어서 구체적인 기업활성화 조치가 나오기까지는 시간이 걸릴 것으로 본다."

― 대통령이 모든 것을 단독으로 처리하려고 하기 때문인가?

"정부가 경제·사회 전반에 걸쳐 통제하려고 하는 이유는 과거체제 불신, 과거청산 차원에서 이해될 수도 있을 것이다."

― 기업인들은 현정부정책에 대해 어떻게 반응하고 있는가?

"우리는 현정부의 국가부흥계획이 성공하기를 간절히 바라고 있다. 하지만 과거 정부와 민간기업을 동일시하는 사회분위기 하에서는 기업활동하기가 매우 어렵다."

― 외국인 투자자들의 동향은 어떠한가?

"현재 외국인 직접투자는 전반적으로 정체된 상태다. 그 이유는 치안불안, 사법제도 미비, 경제정책에 대한 신뢰부족 때문이다."

정부와 공직자에 대한 불신

　카라카스 중심가에 위치한 볼리바르 광장은 베네수엘라의 현주소를 압축적으로 보여주고 있다.

　남미 대륙의 독립영웅인 시몬 볼리바르 생가 주변 넓은 광장은 대낮엔 상인으로 가득찬다. 광장으로 통하는 인접도로나 시내 중심가 어디를 가도 인도를 메운 노점 때문에 길을 지나기가 어렵다. 차도 노점 사이를 오가는 사람들로 극심한 교통체증을 빚는다.

　높은 실업률 속에서 일자리 마련에 한계를 느낀 정부가 과거에는 규제하던 노점상을 자유화했기 때문이다. 고학력을 배경으로 외국인 회사에 취직한 페르난도 로드리게스는 "카라카스 주민의 절반 이상이 노점과 행상으로 생계를 꾸려가고 있다"면서 "물론 세금도 내지 않는다"고 설명했다.

　도심 볼리바르 광장의 치안이 불안정함에도 불구하고 정부는 국경지대 주변에서 활동하는 콜롬비아 좌익게릴라(FARC) 퇴치에 더 주력하고 있다. 시사평론가 알베르토 놀리아는 "카라카스 한 복판 볼리바르 광장의 치안도 보장하지 못하면서 국경 마을 치안을 유지한다는 것은 허상에 불과하다"고 지적했다.

　카리브 해안을 끼고 자리잡은 카라카스 국제공항에서 시내로 들어가려면 40분 이상 산길을 달려야 한다.

길 양쪽의 울창한 숲은 인적드문 절경이지만 공항 영접을 가장한 강도에게 납치된 여행자가 종종 털리고 버려지는 곳이기도 하다. 최근 위기를 가까스로 모면한 한국인 방문자도 2명이나 된다. 이 나라 고위공직자 가족도 지난 99년 납치돼 목숨을 잃은 적이 있다.

베네수엘라의 사회갈등이 극심해지면서 치안은 마비로 치닫고 있다. 경제가 어려워지면서 빈부격차는 더 벌어졌고, 인구의 67%가 빈곤선 이하에서 살아가는 것으로 집계됐다. 베네수엘라의 빈곤층의 절망은 분노로 변하고 있다.

▶ 수도 카라카스 시내의 빈민가.
베네수엘라의 빈부 격차는 새로운 개발독재 정권을 등장시켰다.

설상가상으로 99년 12월에는 공항 인접지역인 바르가스에 홍수와 산사태가 발생, 주민 2만명 이상이 목숨을 잃었다. 조악하게 건축된 주택들이 대다수여서 피해는 더욱 컸다.

베네수엘라의 1인당 국민소득은 2,800 달러. 그러나 20여년 전에는 당시 선진국 수준이었던 4,000달러에 달해, 베네수엘라인들은 풍요를 뽐내며 해외 나들이를 즐겼다. 나라 경제가 이같이 추락한 원인을 베네수엘라인들은 모두 과거 공직자들의 무능력과 부패로 돌린다.

정부와 공직자에 대한 불신은 지난 40년간 이뤄놓은 베네수엘라 민주주의를 순식간에 무너뜨리고 있다. 국민들은 93년 구조조정을 외치던 카를로스 안드레스 페레스 대통령을 부패혐의로 몰아내고, 기성 양대 정당이 아닌 제3의 정당후보로 출마한 라파엘 칼데라를 대통령으로 뽑았다.

칼데라가 선거공약과는 달리 구조조정을 펴는 길밖에 없음을 호소하자 국민들은 이에 저항했고, 결국 체제에 대한 염증이 폭발해 98년 쿠데타 주도자였던 차베스를 대통령으로 선출한 것이다.

당선 후 차베스는 입법부와 사법부의 개혁작업에 손을 대는 한편, 개헌을 국민투표에 부쳐 압도적인 지지를 받아 양원제를 단원제로 축소시키고, 임기를 종전 5년 단임에서 6년 중임허용제로 바꿨다. 개헌 후 대통령 선거를 다시 실시해 당선됨으로써 장기집권의 길도 열었다.

뿐만 아니다. 자신이 숭배하는 볼리바르의 이름을 넣어 국호를 베네수엘라 볼리바르 공화국으로 바꿨다. 그는 당정 주요직에 쿠데타 동지 등 군 출신 인사들을 중용함으로써 정치 기반을 군부로 옮겼다. 군부는 쿠데타없이 합법적으로 집권하고 있는 셈이다.

베네수엘라의 야당 정치인과 기업인들은 이같은 정치 급변에 당황하고 있다. 한 기업인은 "차베스는 자신이 모든 것을 다 관장하고 결정하려 한다. 과연 그들이 국가발전의 대안을 제시할 수 있을지 의문이다. 대통령이 모든 해답을 제시한다면 행정관청의 행정기능은 그만큼 퇴보한다"고 걱정한다.

▶ 전형적인 포퓰리스트 정치지도자 우고 차베스 대통령.

하지만 '부패하고 무능한 사람들'로 낙인찍힌 정치인들과 기업인들이 차베스에 대해 퍼붓는 비난은 바위에 계란 던지는 격에 불과하다. 그들은 고유가의 힘으로 지탱되는 현재의 '혁명 베네수엘라'도 유가가 떨어지면 또다시 같은 길을 걸을 것이라고 내다보고 있다.

베네수엘라 전문가인 미국 애리조나대 브라이언 크리스프 교수(정치학)는 "중남미에서 오랜 민주주의 국가로 통하던 베네수엘라는 권위주의로 역행하는 이변을 겪고 있다"면서, "주원인은 그 동안 '잘못된 민주주의'를 운영했기 때문"이라고 지적했다.

역대 정권이 기업인 단체나 노조 등 각종 이익단체들을 달래며 민주주의를 꾸려온 탓에 국가의 위기대응력이 떨어졌고, 결국 체제 위기로 치닫고 있다는 분석이다.

차베스 대통령의 주말 라디오 토론

"알로 프레시덴테."(대통령 각하 안녕하세요)

"뭐든지 말씀하십시오."

"지난번 국회에서 땅없는 농민들에게 땅을 나눠준다고 하지 않았습니까? 그런데 아직도 까다로운 절차와 법 때문에 언제나 땅없는 서러움을 풀 수 있을지 앞이 캄캄하기만 합니다."

"걱정하지 마십시오. 이 나라 라티푼디오(대농장소유제)에 종지부를 찍지 못한다면 내 성을 갈겠소."

매주 일요일마다 라디오로 전국에 생중계되는 우고 차베스 대통령의 전화상담 내용의 한 토막이다.

이 방송 프로그램의 제목도 '알로 프레시덴테.' 얼마 전부터 이 방송은 높은 청취율을 기록하는 주말 고정 메뉴로 등장했다. 진행 시간은 무려 4시간. 대통령은 청취자와의 전화에서 정책을 설명하고 해결책을 제시하며 약속을 한다. 공수부대 중령 출신 지도자답게 거침없고 박력있는 말투의 그의 웅변이 청취자를 사로잡는다.

대통령에게 전화를 거는 사람들은 대부분 저소득층. 이들은 주거 환경, 보건, 교육 등 하소연하고자 하는 모든 문제를 꺼낸다. 누구보다도 서러움 받는 사람들의 고충을 잘 이해하는 차베스는 다양한 분야에 걸쳐 해박한 지식으로 무장해 문의자와 청취자의 갈증을 해소시켜준다.

라티푼디오 문제만 해도 지난 40년대부터 농지개혁의 단골과제였지만, 사유재산권과 관련된 기존 법규와 절차 때문에 간단한 사안이 아니다. 하지만 지금 베네수엘라에서는 대통령의 말과 약속이 곧 법이 되는 세상이다.

대통령의 국민 직접상담은 여기서 끝나지 않는다. 카라카스 시내 중심가의 대통령궁 입구에는 매일 낮 많은 사람이 줄을 지어 서있다. 대통령궁을 관광하려는 사람들의 행렬처럼 보이기 쉽지만 사실은 그렇지 않다. 손에 무엇인가를 적은 쪽지와 봉투를 든 이 사람들은 대통령 면담 신청자이다.

'알로 프레시덴테'가 매주 진행되어도 국민의 답답함은 끝이 없다. 다급한 마음에 대통령궁을 직접 방문해 면담을 청하는 것이다. 이들의 하소연이 적힌 쪽지는 대통령궁 경비원들을 통해 안으로 전달된다. 그리고 하루종일 서서 기다리노라면 이중 일부는 대통령과의 만남이 허가된다.

국민은 대의민주주의보다 대통령과의 면담을 통한 직접민주주의에 기대기 시작했다. 따라서 대통령의 하루는 더 분주하고, 각료들은 그의 국민상담 후 후속조치 과제를 떠맡는 게 주요 업무가 되었다.

인터뷰 | 이에사 경영대학원 소장 **자넷 켈리** |

자넷 켈리(51) 이에사 경영대학원 공공정책연구소장은 미국 태생으로 매사추세츠대에서 교수생활을 하다가 베네수엘라 국적을 취득했다. 주베네수엘라 미국상공회의소 등 주요 단체에서 활동을 하고 있으며, 『공공서비스와 복지』(1997) 등의 저서를 펴냈다.

― 베네수엘라의 경제가 추락하기 시작한 것을 언제부터라고 보는가?

"지난 70년대 말 카를로스 안드레스 페레스 대통령이 석유를 국유화해 복지정책에 재원을 쏟아부으며 국민에게 과다한 기대를 심어준 것이 위기의 시작이었다."

― 베네수엘라는 당시 왜 그토록 석유에 집착했는가?

"당시는 미국이 베트남 전쟁에서 패하고 제3세계가 새로운 국제경제질서를 외치면서 아랍권을 중심으로 자원 민족주의가 기세를 떨치던 시기였던 바, 베네수엘라도 이러한 흐름을 타고 있었다."

- 페레스 정부를 그 이전 정부들과 비교한다면?

"엄격히 말해서 군사정부는 효율을 앞세워 국가건설에 힘을 기울였고, 민선정부들은 풍부한 재원을 잘 운영하지 못하고 부패의 늪에서 헤어나지 못했다."

- 80년대 위기를 치르면서도 왜 구조조정을 못했나?

"위기시 국가의 대응은 방식보다 의식이 더 중요하다. 당시 베네수엘라 사회윤리는 쉬운 길만을 택하려는 편의주의와, 석유자원에 의존해 연명하는 기대추구 심리가 만연되어 있었다. 이런 사회 분위기에서는 아무리 훌륭한 개혁 프로그램이나 개혁가도 장기간 버텨낼 수 없다. 더군다나 부패한 관료조직이 구조조정을 효과적으로 수행할 수 있겠는가."

- 공직부패의 원인을 무엇이라고 보는가?

"직업윤리가 투철하지 못한 점, 공무원의 보수가 상대적으로 낮은 점, 업무의 재량범위가 넓은 점, 그리고 현금을 다루는 관행 등이 관료조직을 부패하게 만들었다."

- 체제에 대한 국민의 불신은 언제부터 싹텄는가?

"지난 89년 재집권한 페레스 대통령이 국제통화기금(IMF) 프로그램을 실행할 때 대국민 설득노력이 없었다. 시민이 폭도로 변해 거리를 뛰쳐나왔을 때 정부가 군을 동원한 것도 잘못이었다. 공식집계된 사망자는 400명 정도지만 600명 이상이 숨졌다는 게 중론이다. 체제 불신은 여기서부터 시작됐다."

- 베네수엘라의 정치와 경제를 어떻게 전망하는가?

"베네수엘라는 공공부문이 비대해 민간부문이 성장하지 못함으로써 경쟁력을 갖춘 기업이 거의 없다는 점이 정치경제 발전의 한계다. 정치가 발전하려면 기업성장과 함께 중산층이 형성돼야 한다. 최근 양식있는 신세대 기업인들간의 모임이 활발해질 기세인데, 이들의 역할은 좀더 지켜봐야 할 것이다."

차베스 정권의 앞날

최근 취재를 위해 베네수엘라의 수도 카라카스 시내에 위치한 정부 종합청사로 가고 있을 때 주변 도로는 마비상태였다. 시위대가 도로를 막았기 때문이었다.

시위대들은 다름 아닌 교통·통신 관련 업무를 관장하는 인프라부 공무원들로서 연말 특별 보너스를 요구하며 시위를 벌이고 있었다.

인프라부의 민원실로 올라가 보았다. 민원실 안에는 자동차 등록·면허 관련 일을 보려고 온 시민 200여 명이 시위에 참가하고 있는 공무원들이 언제 돌아올지 모르는 채 마냥 기다리고 있었다.

이에사 경영대의 안토니오 프란세스 교수(인류학)는 "공무원들이 또다른 이익집단으로 변해 석유 수입으로 불어난 국가 주머니만 넘보고 있으니 정부의 존재 이유를 알 수가 없다"고 지적했다.

이같은 공직사회의 복지부동과 집단이기주의, 무능과 부패는 베네수엘라의 장래를 어둡게 하고 있다.

99년 2월 취임한 우고 차베스 대통령은 혁명적 체제개혁을 외치면서 국민과의 직접 접촉을 늘리는 정치에 치중하고 있으나, 공무원들은 대통령의 이같은 정책에 아랑곳하지 않고 자기이익 챙기기에 골몰하고 있기 때문이다.

차베스가 직접민주주의 방식의 정치를 펴는 것은 근본적으로 행정관청에 대한 국민의 불신 때문이다.

이런 환경에서 행정관청의 기능은 더 위축될 뿐만 아니라 공직사회 역시 정체성을 상실한 채 하나의 이익집단으로 둔갑하기 쉽다. 공직사회의 무능과 부패로 인한 악순환이 되풀이되는 것이다.

또 차베스 대통령이 국민을 직접 상대하는 기회를 확대하게 함으로써 대통령 한 사람으로의 권력집중과 포퓰리즘 경향을 더욱 강화하게 하는 또다른 부작용을 낳게 한다.

베네수엘라 지식인층에는 지난해 10월 베네수엘라 방문 당시 쿠바 지도자 피델 카스트로가 남긴 말이 유행이다. 카스트로는 차베스에게 "국민은 쉽게 실망하는 법"이라면서 "국민이 언제 등을 돌릴지 모르니 너무 가까이 가지 말라"고 충고했다는 것이다.

하지만 차베스와 국민 사이를 연결시켜줄 세력은 점차 축소되고 있는 것이 현실이다.

공직사회 기능의 약화와 국민을 직접 상대하는 대통령. 이로 인해 국가정책은 차베스 대통령 한 사람의 판단에 의해 좌지우지되고 있다. 성공하면 경제부흥의 단초을 만들 수도 있지만, 악순환의 위험성이 더 크다.

차베스에게 주어진 시간은 그리 많지 않다. 최근의 고유가를 이용해 경제개발의 단초를 마련해야 하지만, 유가가 언제까지나 고공행진을 하지는 않을 것이기 때문이다.

대한무역투자진흥공사 카라카스 무역관의 민경선 관장은 "유가 상승으로 늘어난 수입이 곧 투자로 연결되어야 하는데, 지금까지 구체적인 투자 프로그램이 없이 늘어난 원유수입이 행정비용, 서민 복지에 소비되는 현실이 아쉽다"고 말했다.

차베스 정부는 올해를 경제부흥의 원년으로 삼겠다고 밝혔다. 석유산업에 치중된 경제를 다변화시키고 광범위한 외국인 투자를 유치할 것을 강조하고 있다. 또 이를 위해 민간 기업인들이 나서줄 것을 요청하고 있지만, 정작 기업인들은 투자의욕을 잃고 있다.

차베스가 외국과 충돌을 계속하고 있는 것도 투자를 위축시키는 요인이다. 특히 미국과 마찰을 빚어왔다. 카스트로를 초청한 것 말고도 미국 클린턴 행정부의 대유고 폭격을 맹비난했고, 99년 12월 베네수엘라 홍수 피해 당시 지원을 제의한 미군 공병대의 입국을 거부했다.

▶ 수도 카라카스의 빈민가와 뒤로 펼쳐진 고층 건물들의 대비는 베네수엘라의 미래를 결코 밝게 해주고 있지 않다.

또 콜롬비아 마약범을 추격하기 위한 미군 헬기의 베네수엘라 영공통과를 거부했고, 걸프전 이후 외국 원수로서는 처음으로 이라크를 방문하는 등 미국과 신경전을 벌여왔다.

차베스는 남미의 결속을 외치면서도 이웃 국가들과 불편한 관계를 지속하고 있다. 콜롬비아가 마약전쟁이란 명분 하에 미국의 지원을 받아 좌익게릴라(FARC) 소탕전을 벌이고 있는 것이 베네수엘라로 하여금 난민유입 가능성을 걱정케 해 왔다. 급기야 지역안보 문제를 논의하자며 콜롬비아 정부와의 사전협의도 없이 일방적으로 FARC 지도자들을 초청해 물의를 빚었다.

이뿐만이 아니다. 베네수엘라는 99년 12월 헌법 개정에서 원주민의 독자적인 사법자치권을 신설했는데, 미국은 차베스가 이를 배경으로 에콰도르와 볼리비아의 원주민계 게릴라를 지원하고 있다고 우려했다. 차베스는 '지원'은 부인했지만 "이들이 베네수엘라를 방문하고자 한다면 언제나 환영"이라고 받아쳤다.

미국 외교위원회의 케네스 맥스웰 박사는 "베네수엘라처럼 정경유착과 부패, 복지국가의 전통이 강한 국가에 급진적인 경제개혁 처방이 실행되면, 그 사회는 이에 적응하지 못해 기존의 정치질서가 흔들리고, 급기야 체제 자체가 뿌리째 동요한다"면서 "베네수엘라뿐만 아니라 인근의 에콰도르와 콜롬비아, 페루도 같은 위험에 처할 수 있다"고 지적했다.

'쿠바식 교육' 도입의 바람

차베스 집권 2년만에 베네수엘라 교육이 쿠바식으로 바뀌고 있다.

베네수엘라는 쿠바에 특별한 조건으로 원유를 제공하고 있다. 카스트로는 원유대금을 현금으로 지불할 필요도 없고, 제공받은 원유를 제3국에 되팔아도 된다. 대신 쿠바가 제공하는 것은 의약품과 초·중등학교 교재와 '교사 훈육관'이다.

차베스 대통령은 이른바 '볼리바르 혁명'을 영속시킨다는 명목하에 초·중등교육에 손을 대기 시작했다. 차베스는 최근 대통령령을 통해 교사들에 대한 인사권을 교육부장관에게 집중시킬 것과, 교과서의 전면 개편을 포함하는 '국가교육사업'을 발표했다.

교과서에는 세계화와 공기업 민영화의 해악을 주입하는 새 역사관이 담겨 있다. 교육부는 혁명가 체 게바라를 주제로 한 전국 어린이 글짓기 대회를 개최한다. 가난한 학생에게는 하루 세끼를 제공하고, 일부 학교는 군이 직접 운영한다. 중등학생들은 의무적으로 집체교육을 받아야 하고, 교사들은 쿠바에 파견된 훈육관으로부터 재교육을 받는다.

차베스가 쿠바식 교육을 도입한 표면적 이유는 쿠바가 중남미 지역 초·중등 학력경진대회에서 두각을 나타내는 교육국이라는 이유 때문이다. 특히 쿠바의 교사 훈육관 초빙은 쿠바의 우수한 교육제도를 베네수엘라에 도입, 초·중등 교육의 질적 향상을 위한 것이라는 게 정부측의 설명이다.

베네수엘라는 쿠바보다 교육예산이 많으나 쿠바 국민이 거의 모두 중등교육을 이수하는 데 비해 베네수엘라의 중등교육 미이수자는 20%에 이를 정도로 문제가 있는 것으로 지적된다.

▶ 우고 차베스 대통령의 친쿠바 정책을 풍자한 캐리커처. 산타크루스 복장을 한 쿠바 지도자 카스트로가 차베스를 무릎 위에 안고 있다.

현재 교육부장관은 30년 전 미국 기업인 납치죄로 7년간 복역했던 게릴라 출신 카를로스 란스이다. 금번 대통령령에 따라 교육부 장관은 수석장학관을 직접 임명할 수 있고, 그로부터 교사 해임을 건의받는다.

기존 교사노조와 사립학교연합회, 교회 등은 이같은 정부 방침에 대해 "쿠바식 세뇌교육을 하려는 것이고, 곧 교사들에 대한 이데올로기 숙정이 시작될 것"이라며 반발하고 있다.

이들은 대법원에 위헌소송을 냈지만, 개헌을 통해 입법부와 사법부가 차베스의 손에 장악된 이상 희망은 없다.

지난해 말 차베스는 과거 정권들의 인맥이 남아 있는 기존 노총 해체안을 국민투표에 부쳐 통과시켰기 때문에 교사노조도 아무런 힘을 쓸 수 없게 됐다.

인터뷰 | 집권당 간부 알프레도 콜메나레스 랑헬 |

알프레도 콜메나레스 랑헬(49) 집권 혁명운동당(MVR) 민정위원장은 지난 79년부터 농민연맹·노동자총연맹 등에 법률자문 활동을 해온 변호사이다. 1998년 차베스 정부가 출범하면서 MVR 중앙당 민정위원장으로 영입됐다.

— 현정부는 '혁명'을 외치고 있는데 목표가 무엇인가?

"베네수엘라는 석유 등 천연자원이 풍부함에도 불구하고 인적자본이 열악해 저개발 수준에 머물러 왔다. 우리의 목표는 사회에 팽배한 비관론을 불식시키고 베네수엘라를 1등국가로 끌어올리는 것이다."

— 치유해야 할 국가적인 과제를 무엇이라고 보는가?

"사회 전반에 걸친 부정부패와 사기, 일확천금주의 등을 근절시켜야 한다. 이런 악덕은 베네수엘라에 사악한 사회문화를 심어놓았다."

— 구체적으로 무엇을 하려는가?

"최근 우리는 '국민참여사업'을 발표했다. 이는 개인과 단체가 균형되게 건전한 시민사회의 일원으로서 국가발전에 기여할 수 있도록 국민교육을 펴는 것이 핵심이다."

― 의식교육을 말하는 것같은데, 일방적으로 흐를 위험성은 없는가?
"정부나 집권당이 주도적으로 끌고만 가겠다는 것이 아니다. 항상 병행해야 할 일은 국가가 국민의 목소리에 귀기울여 국민을 존중하는 모든 조치를 취하려는 자세다. 대통령은 이를 몸소 실천하고 있다."

― 경제개발을 위해 어떤 정책을 펼 것인가?
"우리나라는 국영 석유산업에 크게 의존한 불균형한 산업구조를 갖고 있다. 우리는 민간부문에 '신기업 엘리트'가 등장하기를 바란다."

― '신기업엘리트'란?
"국가의 산업화를 촉진시키기는데 기여하는 기업인을 일컫는 말이다. 경제개발의 전략부문인 인프라·통신·농업·축산·광산 및 관광분야의 개발에 참여하여 공공부문과 민간부문을 잇고, 해외기업들과의 연계를 강화하는 유능한 기업인들을 찾고 있다."

― 행정의 효율성을 높일 필요도 있을 텐데…
"공무원들이 변화하는 세상에 능력을 갖추고 봉사하며, 국민의 신뢰를 받을 수 있도록 하기 위한 철저한 직업교육이 시급하다."

― 이 모든 것이 상당한 시간이 걸릴텐데…
"우리는 이 모든 것을 '혁명'으로 수행중이다. 우리는 약 5년 내에 혁명 과업을 완수할 계획이다."

준비되지 않은 대통령의 비극

페루
Peru

페루 | Peru

페루는 남미 최고의 문명으로 꼽히는 잉카제국의 중심이었던 나라로, 잉카 최후의 도시인 마추피추와 잉카의 고도 쿠츠코는 남미에서 가장 유서깊은 문화 유적지로 이름높다.

민속의상을 입고 머리를 따서 길게 늘어뜨린 인디오 여인들은 페루의 상징이며, 비행기를 타고서야 볼 수 있는 나스카의 거대한 지상 그림은 세계 각국의 관광객들을 유인하는 명품이다.

페루의 인구는 2천 7백만 명으로 남한의 절반 수준이지만 면적은 128만 5,220㎢로 남한의 13배에 달한다. 1인당 국민소득(GNP)은 2,264달러로 우리나라의 4분의 1 수준이다.

남미국가중 페루가 지닌 특징은 원주민이 45%, 원주민과 백인피가 섞인 메스티조가 35%로 총 80%를 차지하고, 백인은 15% 안팎이라는 점이다. 칠레나 아르헨티나의 경우 백인이 절대다수를 차지하지만 페루의 인구분포는 백인이 소수이다.

소수의 백인들이 다수의 원주민들을 정치적으로나 경제적으로 지배하는 페루 사회의 특징은 남미 다른 국가들과 달리 유독 페루에 좌파 무장 게릴라 조직이 강하게 된 근거가 되기도 한다. 마오쩌뚱주의 게릴라 집단인 '빛나는 길'(샌데로 루미노소)와 투팍 아마루 등 무장 게릴라들은 대개 빈부격차가 없는 세상을 꿈꾸며 조직을 넓혀왔다.

페루는 1532년 프란시스코 피사로 장군이 잉카제국을 정복하면서 스페인 식민시대를 맞았고, 1821년 독립 때까지 약 3백년간 스페인의 남미 통치의 중심지 역할을 했다.

독립 후에는 군사 쿠데타가 빈발해 민주주의가 뿌리를 내릴 수 있는 기회를 상실했다.

1985년 알란 가르시아가 대통령에 당선되면서 민정시대를 열었으나, 가르시아 대통령의 실정으로 경제불안이 확산됐으며, 90년 정치 무경험자인 농과대학 총장 출신 알베르토 후지모리가 대통령에 당선됐다.

후지모리 대통령은 10년 재임기간중 경기부양에 나서는 한편 서민층 복지정책을 확대하고 대대적인 게릴라 소탕작전을 펼쳐 치안을 안정시켰다는 평가를 받았으나 블라디미로 몬테시노스 정보 고문을 통한 야당 탄압과 부정부패로 인해 국제적인 비난도 함께 받았다.

위헌시비 속에서 대통령 3선 출마를 강행, 대통령에 당선됐으나 부정선거 시비 속에서 몬테시노스 정보고문의 야당 매수 사례가 폭로되면서 후지모리 대통령은 결국 2000년 11월 쿠알라룸푸르 아태경제협력체(APEC) 정상회의 참석 후 일본으로 망명했다.

이후 페루에는 발렌틴 파나구아 대통령을 중심으로 거국 임시내각이 구성됐고, 2001년 6월 대통령 결선투표에서 승리한 알레한드로 톨레도 후보가 7월 28일 대통령에 정식 취임했다.

허약한 정당구조, 인기영합주의 대통령

페루에는 정당들이 많다. 아메리칸민중혁명연합(APRA), 캄비오 90, 인민행동당, 인민기독당, 개혁당, 연합페루당, 좌파연합, 페루 2000, 독립농민운동(MIA), 페루연합, 파이스 파서블, 페루 파서블 등.

화려한 정당 리스트는 국민의 54%가 빈곤선 이하의 영세 보호대상자들이고, 이 가운데 20%는 하루 소득 1달러 이하로 살아가는 사람들이라는 페루의 우울한 현실과 너무도 대조적이다.

리마 거리를 오가는 페루 사람들의 얼굴은 보면 이같이 겉보기에 화려한 정당 리스트가 얼마나 허망한가를 깨닫게 한다. 하루하루 먹고사는 전쟁을 벌여야 하는 대다수 영세민들에게 민주주의를 지향한다는 정당은 그저 멀리 있는 빛에 불과하다. 정당이 자신들의 문제를 해결해 준 적이 한번도 없는 데다가 한 해가 멀다하고 정당이 바뀌기 때문이다.

실제 알베르토 후지모리 전대통령의 경우, 90년 첫 출마할 때 APRA당의 지원을 받았으나 그후 '캄비오 90'을 만들었고, 2000년 대선 때에는 '페루 2000'의 후보로 나왔다. 알레한드로 톨레도 대통령의 경우 페이스 파서블로 95년 출마했다가 2000년 때에는 페루 파서블 당으로 출마했고, 현재 이 당을 이끌고 있다.

여당 정치인이건 야당 정치인이건 필요에 따라 정당을 만들고 없애는 일이 아주 자연스런 일상이다. 정치인들에게 정당은 정치를 하기 위한 형식이요 수단일 뿐, 그 자체가 역사적 연원과 정책대안을 가진 집단이 아니다.

페루의 정치인들은 정당을 매개로 하지 않고 직접 유권자들과 만나는 데 더 익숙해져 있다. 또 일반 시민들도 정당보다 지도자 개개인에게 더 익숙한 것은 정당이 탄탄하게 뿌리내릴 수 없는 역사적 조건에 기인한다.

페루는 20세기 초중반 군부의 지배 하에 있다가 1980년 겨우 민주정부가 수립됐다. 민주주의의 역사가 20여년 정도밖에 되지 않는 정치개발도상국인 셈이다.

이같은 이유로 페루에서 고질적으로 반복되는 것은 당선 전 공약과 당선 후의 정책이 달라지는 것이다. 또한 페루에는 사회계층적으로 소외된 사람이 많아 대부분의 후보가 사회주의 성향의 공약을 내걸지만 당선된 후에는 전혀 다른 정책을 구사한 사례가 허다하다. 알베르토 후지모리가 그랬고, 전임자인 알란 가르시아가 그랬다.

일단 대통령이 되고나면 '선출된 독재자'처럼 정당은 물론 의회와 사법부 위에 군림하며 황제처럼 권력을 행사하기 때문이다. 법치(法治)는 무시되고 개인의 스타일과 취향에 의지하는 인치(人治)가 우선된다.

리마대 한국학 연구소장을 맡고 있는 후안 아브가타스 교수는 "페루정치사의 특징은 좌파건 우파건 소수 엘리트가 다수의 민중을 지배해온 구조"라면서 "특히 후지모리 집권 10년간 페루에서 정당제도는 사실상 사라졌고, 인물 중심의 정치가 자리잡았다"고 지적했다. 정당은 물론 사법부, 의회까지도 대통령궁의 하위기관으로 변신, 대통령의 전횡을 막을 수 있는 집단이 없었다는 게 그의 주장이다.

벨라스코 군사정권(1968~80) 역시 정당과 의회, 사법부의 기능을 마비시킨 채 국민들 위에 군림했다. 벨라스코는 68년 군부통치를 시작하면서 "페루에 필요한 것은 자본주의도 공산주의도 아닌 사회적 불평등 해소"라고 규정하면서 "페루 사회를 근본적으로 바꾸겠다"고 선언했다.

▶ 후지모리 전 대통령은 집권 초기 노동자 유화 정책을 펴 인기를 끌었으나 결국 실정으로 인해 망명했다. 노조지도자 호세 루이스 리스코 (오른쪽에서 두번째)와 함께 한 후지모리 전 대통령.

그는 어느 집단의 조언도 듣지 않고 자신의 판단과 취향에 의존해 정책을 펼쳤고, 결국 페루의 정치·경제는 엉망이 됐다.

후지모리의 전임자인 알란 가르시아(1985~90년 재임)도 아메리칸민중혁명연합(APRA) 소속으로 당선된 뒤 정책은 정당과 무관하게 실시했다. 가르시아는 초기 지지율이 80%를 상회했으나 잇따른 전횡과 정책 실패로 비참한 종말을 맞았다.

그는 정책의 일관성도 상실, 초기에는 시장 중심의 개혁정책을 펴다 경제가 어려워지고 금융집단이 반발하자 은행을 국유화시키는 정책을 펴기도 했다.

1987년 민주사회주의 지도자 대회가 리마에서 열릴 때, 리마 주변 감옥의 테러리스트 문제를 24시간내 해결하라고 특명을 내려 수감중인 테러리스트 500명을 학살, 국제적 비난을 샀다.

그는 좌우를 오가는 경제정책으로 인해 페루 경제를 망쳐놓은 인물이다. 가르시아의 전횡은 혼자만의 비극으로 끝나지 않고 페루 사회 전체에 어두운 그림자를 드리웠다.

후지모리는 집권 2년 후인 92년 궁정쿠데타를 통해 국회를 해산시켰고, 사법부를 권력의 시녀로 만든 다음 국가정보국과 군부에 의지해 정치를 폈다. 그는 외국의 구호기관에서 헌옷을 수집해 가난한 사람들에게 나눠주는 등 소위 빈민을 위한 민생정치도 폈지만, 장기적인 경제·사회정책 비전은 없었다. 그때그때의 현안에 대응하는 미봉적인 정책을 펴다가 결국 일본 망명이라는 최악의 선택을 하게 됐다.

리마대 정치학과의 발터 올리바 교수는 "페루는 넓은 국토와 세계 3대 어장에 속하는 좋은 어장을 갖고 있음에도 불구하고 전국민의 절반이 빈곤상태에 있으며, 굶어죽는 사람까지 나오고 있는 것은 전적으로 지도자들이 정당을 무시하고 제멋대로 정책을 펼치고 있기 때문"이라고 지적했다.

정당 출신 지도자들이 당선 후 독단적인 정책을 펴면서 종국에는 실패로 끝을 맺자 대중들 사이에는 정당 혐오증도 생기고 있다. 프란치스코 미로 케사다 산마르코대 정법대학장은 "기존정당에 식상한 일반인들이 무소속에 눈돌리는 현상이 많다"면서 "이같은 현상은 정치 아노미를 부추기고 있어 우려된다"고 말했다.

리마 사람들의 지적처럼 페루는 지난 80년대 군부 사회주의 정권과 가르시아 정부의 실정으로 인한 '상실의 시대'를 맞았고, 90년대 후지모리로 인해 제2의 상실의 시대를 겪었다.

21세기의 새 아침 페루 사람들은 정치 아노미와 상실의 시대에서 벗어나려 하고 있다. 그런 시도는 지난 6월 대선에서 야당 지도자 톨레도를 대통령으로 선출함으로써 표현됐지만, 앞으로 톨레도 대통령이 어떻게 페루를 이끌어 갈지는 미지수다.

인터뷰 | 첫 원주민 출신 대통령 알레한드로 톨레도

2001년 페루 대통령으로 선출된 알레한드로 톨레도(55)는 페루 원주민 출신으로 앙카시가 고향이다. 구두닦이, 양치기, 주유소 주유원 등을 하면서 고등학교를 졸업한 뒤 국제장학생으로 선발되어 미국으로 건너가 스탠포드대에서 경제학 박사학위를 받은 입지전적 인물이다.

하바드대 국제발전연구소 협력연구원, 와세다대 교환교수, 유엔 국제자문관을 역임했고, 세계은행과 경제협력개발기구(OECD)에도 근무한 바 있다.

95년 페루 파이스 파서블당 후보로 대통령 선거에 출마함으로써 정계에 입문했으며, 2000년 페루 파서블 당의 대통령 후보로 알베르토 후지모리 대통령과 겨룬 바 있다. 후지모리 권위주의 체제를 종식시키는데 결정적인 역할을 해 "페루의 정치지형을 바꾸어놓은 사람"이라는 평가를 받고 있다.

대통령선거 때 페루 원주민들은 톨레도가 그들과 같은 태생이라는 점에서 지지했으나, 일부 원주민들은 "겉만 우리와 같을 뿐 속은 미국식 사고로 가득찬 이율배반적 인물"이라고 비판하기도 했다. 톨레도는 2001년 4월 실시된 대통령 선거에서 1위를 했으나 과반수를 얻지 못해 6월 실시된 결선투표에서 알란 가르시아 후보를 누르고 53.8%의 지지를 얻어 당선됐다.

7월 28일 잉카의 성지인 마추비추에서 취임식을 가진 톨레도 대통령은 원주민들이 더 이상 백인들에 의해 억압받지 않는 평등한 사회를 만들겠다고 약속했다. 톨레도 대통령의 출현은 16세기 스페인 침략 이후 5백년간 굴종의 시대를 살아왔던 페루 원주민들의 승리이자 소수의 백인들만이 전유하던 기득권이 붕괴되는 시대의 도래라는 점에서 의미가 있다. 톨레도 대통령의 출현은 이미 2000년 12월 리마를 방문했을 때부터 예견할 수 있었다. 당시 톨레도 후보는 세계 각지에서 몰려드는 언론들의 인터뷰 요청으로 인해 새벽부터 한밤중까지 시간을 쪼개 쓰고 있었다. 동양 언론으로서 처음으로 「문화일보」가 톨레도를 인터뷰하기까지는 우여곡절이 있었다.

▶ 필자(이미숙)와 인터뷰 중인 알레한드로 톨레도 대통령.

단 1시간도 자유롭게 긴 호흡으로 만나 이야기할 시간을 내기 어려웠다. 톨레도는 세계 각국에서 몰려드는 외신 기자들의 인터뷰에 응하랴, 세계 각국에서 오는 유력인사들과 만나랴, 대통령 선거대책을 세우랴 정신이 없이 하루를 보내고 있다고 측근이 귀뜸했다. 인터뷰는 12월 19일 오후, 4시간 여의 기다림과 1차례의 인터뷰 시간 변경 끝에 이뤄졌다.

페루 주재 한국대사관의 도움을 받아 비교적 손쉽게 인터뷰 스케줄을 잡았지만, 현장에서 만난 일본 「아사히신문」 상파울로 특파원은 3주간 리마에 진을 치고 접촉한 끝에 겨우 인터뷰 허락을 받아냈다고 말했다.「문화일보」는 운이 좋은 편이었다.

톨레도는「문화일보」의 발행부수, 성향 등을 묻는 등 관심을 보인 뒤 인터뷰에 응했다. 상대의 표정까지 읽어가며 성실하게 대답하려고 노력하는 그를 보면서 상당히 진지하고 깊이있는 정치가라는 느낌이 들었다.

그는 "5%의 백인들에 의해 5백년간 억압받던 95%의 안디나(안데스 산맥에 사는 사람들. 페루 원주민들을 지칭함)들이 비로소 자신의 지도자를 얻게 됐다"면서 자신은 5백년간 불신 속에 살았던 백인과 안디나를 화합시키는 일을 하겠다고 말했다.

― 후지모리 전대통령이 국적을 재확인받고 일본에 머물겠다고 선언한 뒤 변화하는 상황을 어떻게 보는가?

"후지모리가 일본에서 대통령직에서 사임하겠다고 발표하고, 국적을 재확인받은 것에 대해 실망했다. 그는 한 나라의 대통령으로서 그렇게 행동하는 것이 바람직하지 않다는 것을 알아야 한다. 그러나 그가 그렇게 물러남으로써 페루는 민주주의로 나갈 수 있는 계기를 마련했다. 희망을 걸어볼 수 있다."

― 후지모리 대통령의 공과에 대해 어떻게 평가하는가?

"후지모리는 나와 내 가족에게 126회의 테러 위협을 해왔으나 정치·경제, 대외관계면에서 획기적인 업적을 이뤄낸 것도 사실이다. 우선 거시경제적 차원에서 7,600%에 이르던 인플레이션을 3~4%로 줄였고 국제금융기구와의 협력을 강화한 것도 공적이다. 또한 테러를 진압하고 에콰도르, 칠레와의 국경분쟁을 종식시킨 것도 잘한 일이다.

그러나 인플레가 줄어들면 생산이 늘고 실업률도 감소되어야 하는데 경제성장은 여전히 하락세이고 실업률도 늘어가고 있다. 외국인 투자도 줄어들고 있고, 근로자의 실질임금은 물론 기업도산도 늘고 있다. 빈곤의 악순환이 반복되고 있어 문제다. 정치적으로는 부패와 비민주적 정치행태가 크게 확대되었다."

– 후지모리 경제정책은 대외개방경제를 골자로 하고 있는데, 앞으로 어떤 경제정책을 펼 것인가?

"경제정책에 있어 강조할 부분은 먼저 외국인 투자를 유치하겠다는 것과 국영기업의 민영화작업을 가속화하겠다는 것이다. 국내기업이든 외국기업이든 페루에 투자하는 기업에 대해서는 세제 혜택도 줄 방침이다. 또한 주로 치중할 것은 농업과 건설, 관광을 활성화하고 중소기업을 육성하겠다. 경제정책의 최우선은 일자리 창출에 둘 생각이다."

– 칠레의 피노체트 모델과 같은 설명을 하는데…

"피노체트 모델은 결코 아니다. 피노체트와 후지모리와 페론은 독재자였다. 내가 펼치려고 하는 경제정책은 개인의 이익에 중점을 두는 것이 아니라 사회, 나아가 국민의 생활향상에 초점을 두고 있다."

– 미국식 자유경제 모델을 전면화하려는 게 아닌가?

"그렇지 않다. 미국식 노선과는 분명히 차이가 있다. 거듭 밝히지만 내 경제정책의 마지막 목적은 국민생활 향상에 있다. 나는 어려운 사람을 위한 사회사업과 국민 일반을 위한 복지에 관심을 갖고 있다. 일자리, 건강보건, 교육 등을 개선하는 선구자의 역할을 하고 싶다."

─ 그렇다면 유럽식 사회민주주의 모델을 지향하는 것인가?

"그것에 가까울 수 있다. 영국의 토니 블레어 총리, 독일의 게르하르트 슈뢰더 총리가 추구하는 그런 정책을 선호한다."

─ 페루의 전임 대통령인 알란 가르시아와 후지모리 모두 민생문제에 치중을 두겠다고 했지만 결국 나라 경제를 어렵게 하는 포퓰리즘 지도자로 귀결됐다. 이같은 포퓰리스트 지도자가 되지 않기 위해선 어떤 것이 필요하다고 보는가?

"두 사람은 일관된 경제정책을 쓰지 않고 그때그때의 이해관계에 따라 정책을 마음대로 바꾸었다. 나는 경쟁력을 중시하는 자유시장경제를 추구하되 국가가 사회 복지에 관심을 쓰는 그런 정책을 추진하겠다는 것이다. 모든 경제정책의 최종가치는 인간, 국민의 생활향상에 두어져야 한다."

─ 페루 사회의 고질적인 인종갈등, 빈부격차를 없앨 복안이 있는가?

"내가 대통령이 되면 이 나라 5백년의 역사 속에서 원주민이 처음으로 스스로 지도자의 자리에 오르게 된다. 5%의 인구가 지난 5백년간 페루를 장악해 왔지만 새천년의 시작과 더불어 95%의 사람들이 그들과 같은 사람을 지도자로 맞게 되는 것이다. 이와 함께 5%에 몰려 있던 재산도 95% 사람들에게 가급적 공유될 수 있도록 방법을 찾아볼 것이다. 나는 원주민들에게 물고기를 줄 것이 아니라 물고기 잡는 법을 가르치려 한다."

─ 원주민들은 오히려 귀하가 원주민 출신이기는 하지만, 원주민의 정서를 모르고 너무 오랫동안 미국에서 공부하고 학자 생활을 해왔다는 점에서 믿을 수 없는 사람이라는 비판을 하고 있는데…

"후지모리 체제 반대 시위를 벌일 때 많은 원주민들이 와서 나를 지지해줬다. 한국의 경우 60년대 미국으로 건너간 학자들이 공부를 마치고 나라

발전에 기여했듯이 나도 그럴 것이다. 내가 어떤 역사적 조건에서 태어났고, 나의 정체성이 무엇인가를 나는 알고 있다. 이같은 뿌리를 잊지 않고 조국을 위해 봉사하겠다."

― 페루의 현상황을 볼 때 개혁세력은 소수이고 군부와 보수세력이 너무 강한데, 이를 어떻게 극복해 나갈 방침인가?

"군부를 포용하지 않으면 페루가 나아갈 수 없다. 군부와 연합해서 국가를 이끌어나가야 한다. 군으로 하여금 집단이익에서 벗어나 국가를 위해 기여하도록 해야 한다. 군인이 전문성을 살려 의무를 다하도록 해야 한다. 군인이 공과에 따라 승진하도록 국회에서 관련법을 개정할 것이다."

― 페루 국민들은 인종적으로 괴리감을 느끼고 빈부격차도 심해 사회 통합력이 점차 약화되고 있는 것 같은데…

"페루는 인종적으로나 사회적, 지리적, 정치적으로 갈갈이 나눠져 있다. 그런 현실을 인정한다. 그렇다고 나는 특정 계층이나 특정 계급을 위해 일하지는 않을 것이지만 빈곤층을 위해서는 많은 일을 할 것이다. 모든 계층, 모든 인종의 사람들이 페루에 대해 애국심을 느끼고 이 나라를 위해 일을 할 수 있도록 하는 방법을 찾을 것이다."

톨레도는 인터뷰를 마치면서 "김대중 대통령이 노벨 평화상을 탄 것은 한반도를 위한 축복"이라면서 "한국이 마음놓고 페루에 투자할 수 있도록 한국 투자자를 민주적으로 보호하겠다"고 말했다.

▲ 인터뷰 이후의 톨레도

톨레도 대통령은 2001년 7월 28일 잉카의 고향 마추피추에서 대통령 취임식을 가졌다. 그는 취임 연설에서 "오늘 우리는 거역할 수 없는 민주주의의 새로운 여명을 보고 있다"면서 "이제 우리는 환멸과 의구심을 떨쳐버리고 희망을 위해 전진하자"고 밝혀 수백만 원주민들의 지지를 받았다.

톨레도는 이 자리에서 "강력한 시장경제를 지향하겠다"고 선언했다. 하지만 그 시장경제는 인간의 얼굴을 가진 것이어야 한다는 단서를 달았다. 필자와의 인터뷰 때 자신의 경제정책은 미국식 시장경제가 아니라 서유럽식 사회민주주의를 지향한다고 것을 상기시키는 대목이다.

톨레도는 "기업가 정신을 고취할 수 있는 경제정책을 최우선하되 중소 비지니스를 위한 자금대여, 일반 서민을 위한 경제 프로젝트도 세우겠다"고 다짐했다. 이와함께 앞으로 펼칠 정책 우선순위를 빈곤추방을 위한 투쟁, 지방 학교와 보건소에 대한 투자, 공공부패 추방 등을 들었다.

원주민 출신 톨레도 대통령이 5백년간 뿌리깊게 박힌 원주민과 백인간의 갈등, 빈부격차, 부패를 어떻게 슬기롭게 극복하면서 페루 사회에 유럽식 사회민주주의 경제를 펼칠 수 있을지 지켜볼 일이다.

준비되지 않은 대통령의 비극

한 나라의 최고 지도자가 되기 위해 필수적으로 밟아야 할 코스가 있는 것은 아니다. 준비된 지도자와 준비되지 않은 지도자를 구분할 수 있는 명확한 기준이 있는 것도 아니다.

그렇지만 준비되지 않은 대통령이 한 나라를 얼마나 재앙 속으로 몰아넣는가의 생생한 예를 우리는 페루의 알베르토 후지모리의 경우에서 찾을 수 있다.

1990년 알베르토 후지모리가 집권당인 아메리칸민중혁명연합(APRA)의 대통령 후보로 결정되기까지 그는 평범한 농과대학 총장이었다. 전국대학총장위원회 의장을 역임한 바 있지만 정치판과는 아무런 인연이 없는 학자였다.

당시 알란 가르시아 대통령은 잇따른 실정으로 정권이 야당에 넘어갈 것을 우려, 정치때가 묻지 않은 신인 후지모리를 발굴해 후계자로 내세웠다. 동양인의 근면성을 높이 평가하는 페루 사회에서 동양인 후보는 새로운 바람을 불어넣을 수 있다는 계산이었다.

대선 한달여를 남겨놓은 시점에서도 후지모리의 지지율은 6%대에 불과했으나 90년 7월 후지모리는 유력후보인 유명한 소설가 마리오 바르가스 요사를 꺾고 대권을 쥐는 이변을 낳았다.

문제는 당선 이후부터 시작됐다. 당초 대통령이 되겠다는 꿈은 가져본 적이 없고, 그저 국회의원 정도 한번 해보는 게 좋을 것같다고 생각했던 후지모리에게 대통령직은 너무 엄청난 것이었다.

리마대학교 정치학과 발터 올리바 교수는 당시 상황을 이렇게 회고한다.

"후지모리는 대통령이 될 것으로 기대하지 않았기 때문에 당선되더라도 발표할 국가정책이 없었다. 선거전 때 발표된 공약은 중도좌파 참모들이 만들어준 것인데, 당선 후에는 이들을 해고하고 경쟁후보였던 바르가스 요사의 경제참모들을 받아들여 경제정책을 급조했다."

후지모리가 중도좌파 성향의 참모들을 경질하고 보수우파 계열 인사들을 충원, 변신한 데 이어 자유시장경제 위주의 정책을 발표하게 된 것은 당선되고나서 미국과 국제통화기금(IMF)을 방문한 이후다.

후지모리는 페루가 어떤 경제모델을 택해야 할 것인가에 대한 난상토론 끝에 칠레의 피노체트 모델을 택했다. 페루에서 국회의원 보좌관으로 일했던 로베르토 가마라 박사는 당시 정부 내부의 정책 논쟁에 대해 이렇게 털어놨다.

"후지모리는 집권 초기 동아시아 경제모델, 특히 한국의 박정희 모델에 관심이 많았다. 그러나 페루 외무부에서는 후지모리가 동아시아 모델을 따르려 하는데 반대하고, 오히려 피노체트 모델을 참고해야 한다고 주장했다. 한국과 같은 정부개입에 의해 추진되는 경제개발이 아니라 개방시장체제를 지향하는 것이어야 한다는 게 당시 외무부의 입장이었다."

후지모리는 93년부터 칠레 모델에 따라 시장경제 개혁을 추진하기 시작했다. 후지모리는 단기적으로 초인플레를 잡는데 성공했고,

외국인 투자도 적극 장려했다. 이에 앞서 92년 마오쩌뚱을 신봉하는 테러그룹 샌데로 루미노소(빛나는 길)의 지도자 아비마엘 구스만을 체포하면서 테러 소탕작전에 가속도가 붙었고, 대내외적인 지지도도 높아져 경제회복이 빠른 속도로 진행됐다.

▶ 리마 시내의 대통령궁.
알베르토 후지모리 체제 붕괴 후 각종 시위대가 연일 모여들어 시위를 하는 곳이기도 하다.

그러나 준비되지 않은 대통령 후지모리의 비극은 몬테시노스를 정보고문으로 영입하면서부터 시작됐다. 후지모리는 92년 궁정 쿠데타를 통해 의회를 해산하고 헌법을 개정한 데 이어 군부와 결탁, 강력한 권위주의 체제를 구축했다.

페루의 2인자 몬테시노스는 사법부를 권력의 도구로 만들고 야당 정치인을 무차별 매수하면서 악명을 높이기 시작했다. 후지모리는 몬테시노스에 의지해 95년 재선된 후 무리하게 3선까지 강행하다 결국 일본으로의 망명길을 택하게 됐다.

후지모리의 실패는 결국 철학이 없는 정치인, 준비되지 않은 대통령의 비극을 극명하게 보여준다. 알란 가르시아도 그랬다. 85년 대선 당시 36세에 불과한 정치 미경험자 가르시아는 영화배우 뺨치는 외모로 대중선동을 통해 대통령에 당선됐으나, 좌충우돌하는 일관성없는 정책으로 경제를 파국으로 몰아넣는 결과를 낳았다.

후지모리 망명 이후 리마는 해빙기를 맞았으나 정치현실은 크게 달라진 게 없다. 몬테시노스가 군부와 정부에 심어놓은 세력은 여전히 막강하고, 후지모리를 지지하는 구여권 세력은 여전히 건재하고 있다.

페루 원주민들은 톨레도가 그들과 같은 태생이라는 점에서 지지하고 있으나 일부 원주민들은 "겉만 우리와 같을뿐 속은 미국식 사고로 가득찬 이율배반적 인물"이라고 비판하고 있다.

마추피추 관광길에서 만난 전직 교사 출신 여행 가이드 디아나는 "대선 출마 전까지 톨레도는 미국의 경제학자로 활동했을 뿐 페루의 현실을 제대로 알지 못하며 정치경험도 없기 때문에 톨레도 대통령은 제2의 가르시아가 될 가능성이 있다"고 우려했다.

인터뷰 | 보수주의 지식인 **프란시스코 미로 케사다**

프란시스 미로 케사다는 페루의 대표적인 보수주의 지식인으로 꼽히는 인물이다. 1551년 설립된 페루 명문 산마르코국립대학교의 법정대학장이며 리마의 유력지「엘 코메르시오」의 부편집인으로 있다.

미로 케사다 집안은 페루에서 손꼽히는 명문가로,「엘 코메르시오」를 1836년 창간한 이래 이 신문의 대주주로 있다. 미로 케사다 자신도 35년간 이 신문에서 기자로 일했으며, 보수정당인 악시온 포풀라 당의 당원이기도 하다. 86년 한국개발원 초청으로 한국을 방문한 바 있다.

— 「엘 코메르시오」의 성향은?

"보수주의와 개방경제를 지향하고 있다. 이념적으로는 보수주의적 민족주의, 즉 우파에 속한다고 볼 수 있다. 1836년 창간됐고, 발행부수는 25만부이다."

— 후지모리 체제에 대해 어떻게 평가하는가?

"후지모리 경제는 신자유주의적 개방정책이나 정치는 아시아적 권위주의 체제였다. 대만이나 한국, 태국에서 유사한 스타일을 찾아볼 수 있다. 후지모리는 의회와 사법, 선거관리위원회와 대학을 비민주주의적으로 장악하려고 애를 썼다. 경제적으로는 체계적인 경제발전 틀을 구축하지 못하고 임시방편적 정책을 구사해 궁극적으로 페루에 도움이 되기보다 잃은 게 많은 체제로 귀결됐다."

- 후지모리의 경제정책을 피노체트의 자유개방경제와 비슷한 것으로 보는데…

"후지모리와 칠레의 경우는 틀리다. 칠레는 군부독재였으나 페루는 군인과 민간인이 결탁한 권위주의 체제다. 후지모리는 피노체트보다는 우루과이의 보르다베리(1972~82년 집권) 대통령과 유사하다. 후지모리가 대통령에 선출된 것은 페루가 워낙 인종적으로 다원하고 언어도 다양하기 때문에 가능했다. 후지모리 등장은 상당히 페루적 현상으로 볼 수 있다."

- 알란 가르시아나 후지모리는 모두 정치 경험이 없는 사람들이 대중의 인기를 업고 대통령이 된 뒤 결국 실정을 한 지도자라는 점에서 공통점이 있는데, 왜 남미에서는 이같은 지도자들이 반복적으로 등장한다고 보는가?

"라틴 아메리카에서 일반적인 민주화 성숙도가 미진하기 때문이다. 후지모리가 정치 경험이 없음에도 불구하고 대통령이 된 것은 국민들이 기존 정당에 대해 실망하고 피곤해 하는 과정에서 정당경험이 없는 무소속 인사에 눈을 돌렸기 때문이다. 후지모리는 특히 동양인의 근면한 이미지가 어필했다고 본다. 대학교수, 대학총장위원회 의장을 역임한 데다 겸손한 이미지가 대중에게 좋은 인상을 남겼다고 본다."

― 페루에서는 60년대 이래 군부의 사회주의적 통치, 경험없는 정치인에 의한 포퓰리즘적 통치가 반복되는 데, 이것을 막기 위한 방안은 무엇이라고 보는가?

"군부가 자꾸 들어서고 민주주의적 지도자가 나오지 못하는 것은 역사문화적 요인이 있다. 역사적으로 페루에는 스페인의 부왕국(副王國)이 존속했다. 이 때문에 유럽 절대왕정의 유산이 곳곳에 남아있다. 미국은 민주주의적 가치를 존중하는 이민으로 시작됐으나, 이곳은 부왕제를 떠받드는 비민주적 사회풍토 때문에 민주주의적 가치가 파급되지 못했다. 오히려 절대권력에 반대하는 영웅적 이미지의 지도자가 나와 민중을 지배하는 경우가 많았다."

― 페루에 사회주의적 성향이 강한 군인이나 정치인이 많고, 좌파 게릴라가 다른 남미 지역에 비해 많은 이유는 무엇인가?

"페루에서는 1929년 민주사회당이 정식 창당됐고, 이후 소련의 마르크스주의와 중국의 마오이즘, 쿠바의 카스트로 혁명경험이 많이 유입됐다. 또한 사회계층 갈등이 많고 빈부격차도 극심해서 좌익 게릴라가 많이 출현했다. 1966년 쿠바 혁명노선을 지향한 게릴라 그룹이 있었는데 벨라운데 정권 때 소탕됐고, 마오주의 노선의 샌데로 루미노소의 지도자 구즈만을 후지모리가 체포해 소탕단계에 들어섰다. 80년대는 남미의 좌익이 절정을 이뤘던 시대인데, 페루에서는 83년 사회주의자인 알폰소 바란데스가 리마시장으로 당선됐다. 바란데스는 이후 85년 대통령선거에도 출마, 2위를 기록했고, 의회에서는 좌파가 많은 좌석을 차지하고 있다."

― 좌파가 페루 민주주의에 기여했다고 보는가?

"그렇다. 후지모리를 몰아내는데 성공할 수 있었던 것은 좌파가 우파와 연대했기 때문에 가능했다. 후지모리 독재와 맞서 싸우는데 좌파는 많은 힘을 발휘했다."

인터뷰 | 법무장관 디에고 가르시아 사이안 |

디에고 가르시아 사이안 장관은 변호사 출신으로 남미법률가단체인 '안데스법률가위원회' 페루 대표로 참여해온 인물이다.

2000년 대선 때 톨레도 진영의 대변인을 지냈다. 후지모리 대통령이 물러난 후 구성된 임시내각에 법무장관으로 참여, 사법부 개혁작업과 2001년 대선을 공정하게 치르는 준비를 하고 있다.

사이안 장관은 법무부 장관실에서의 인터뷰에 응했는데, 인터뷰 중간중간에도 세계 각곳에서 온 이메일을 확인하고 메일을 보내는 등 분주한 모습이었다. 사이안 장관은 2001년 7월부터 톨레도 정부에서 외무장관으로 일하고 있다.

- 과도내각이 가장 역점을 두는 것은 어떤 부분인가?

"페루 국민들은 민주화에 대한 염원을 갖고 있다. 민주주의가 결여됐기 때문에 부정부패가 확산됐고, 그로 인해 부의 편중현상이 확산됐다고 보고 있다. 그래서 빈곤층들은 자신들이 후지모리 시대 최대의 피해자라고 생각하고 있다. 후지모리는 사법제도를 왜곡, 자신의 권력 도구로 삼았다. 사법제도를 정상화하는 것, 정부로부터 독립성을 유지하도록 하는 것이 현 과도내각의 최대 과제다."

– 과도내각의 특징을 설명해 달라.

"과도내각은 8개월간 활동하며 2001년 4월 대선을 공정하게 치를 수 있도록 하는데 최대역점을 두고 있다. 또한 후지모리 시대 훼손된 국가기구들의 기능을 정상으로 복원시키고 후지모리 독재의 폐해를 밝혀내는데 중점을 두고 있다."

– 후지모리는 90년 취임후 사법제도를 정비했다고 들었는데, 그가 어떻게 사법제도를 개인의 도구화했는가?

"후지모리는 집권후 사법부 내에 복잡하게 나눠진 업무를 단순화하고 업무 효율화를 위해 컴퓨터를 도입하거나 사법부 집무실의 집기를 교체하는 등 성의를 보였다. 행정효율화를 위한 작업이라고 볼 수 있다. 그런데 후지모리 시대 사법부에서 일어난 가장 큰 문제는 판사들 지위의 불안정성을 조직적으로 조성한 일이다. 판사의 80%가 정규직이 아닌 임시직으로 구성됐고, 대부분 법대만 졸업했으면 고용했다. 따라서 사법부가 권력의 입김에 취약할 수밖에 없는 구조가 됐다. 몬테시노스가 원하는 대로 판결이 나는 것이 다반사였다."

– 후지모리 시대 사법부에서 자행된 부정부패를 구체적으로 밝히면…

"사법부행정위원회라는 조직을 만들어 사법부를 마음대로 컨트롤할 수 있는 창구로 사용했다. 후지모리의 정보고문인 몬테시노스는 이 기구를 통해 자신에게 유리한 판결을 유도했고 재판 관련인들로부터 거액을 받았다."

– 후지모리 시대 때 고용된 판사들이 아직까지 남아 있는가?

"인사개편을 통해 개혁을 하고 있지만, 아직까지 후지모리에 충성했던 판사들이 많이 남아있는 상태다."

– 후지모리가 자신의 권력유지를 위해 사법부를 동원한 사례는?

"사법부를 통해 2개의 TV방송국의 기존 주주를 몰아내어 야당의 의견이 TV에서 보도되지 못하도록 했다. 또한 마약관련 사범으로부터 거액을 받고 이들을 석방해 줬고, 마약밀매로 수감된 회사나 개인이 재판에서 승소할 수 있도록 몬테시노스 사람을 변호사로 쓰게 했고, 몬테시노스의 판사들은 이들에게 유리한 판결을 했다."

– 후지모리가 물러난 후 국가정보국이 개편됐는가?

"후지모리 이전 국가정보국은 해군, 육군, 공군의 개별 정보부가 정보를 종합하는 수준의 활동을 했으나 몬테시노스가 정보국 고문으로 활동하면서 국가정보국은 중앙집중체제로 개편됐다. 국가정보국은 반테러 작전이라는 명분으로 야당 정치인을 도청했고, 무고한 시민들의 인권을 유린했다. 정보국은 앞으로 국가안보에 전념하는 기구로 거듭날 것이다."

– 톨레도 진영의 대변인을 역임했는데, 톨레도에 대해 어떻게 생각하나?

"톨레도는 정치 지각변동의 원인을 제공한 인물이다. 그가 페루 민주화에 기여한 부분은 인정받아야 한다."

무장된 사회, 무장된 평화

리마 시내를 걷다보면 가장 흔하게 눈에 띄는 사람들이 교통경찰과 사설경비원이다. 교통경찰과 사설경비원은 모두 쑥색 제복을 입고 무장하고 있다는 점에서 얼핏 보면 비슷하지만, 업무내용은 전혀 다르다.

교통경찰의 주임무는 교통 무질서 단속이다. 알베르토 후지모리 대통령은 악명높은 리마의 교통 무질서를 바로 잡기 위해 교통경찰을 대폭 증원해 그 숫자가 많이 늘어났다.

사설경비원들은 말 그대로 개인이 고용한 사람들로 24시간 자신이 맡은 건물을 지킨다. 워낙 위압적인 자세로 건물을 서성이고 있어 길가는 행인들도 피해서 갈 정도다.

리마 시내의 주요 빌딩이나 호텔, 사무실은 물론이고 웬만큼 산다는 집도 모두 사설경비원을 고용하고 있다. 페루의 만성적인 치안부재 현상은 실업률이 높은 페루 사회에서 사설경비원에 대한 수요를 높이는 긍정적인 역할을 하기도 하는 셈이다.

페루가 얼마나 무장된 사회인지를 실감한 것은 페루의 유력신문 「엘 코메르시오」 본사 빌딩을 방문할 때였다. 통역자와 함께 건물에 들어서는데, 공항 검문검색대와 같은 시설이 설치되어 있고, 사설경비원 서너명이 몸을 수색하기 시작했다.

1차 관문을 무사히 통과, 건물로 들어가려 하니 경비원이 또 막는다. 갖고 있는 모든 짐을 자기들에게 맡기라는 것이다. 편집국에 올라가서 탐사보도팀장을 인터뷰해야 하기 때문에 녹음기와 카메라를 갖고가야 한다고 했더니 막무가내로 길을 막는다.

 결국 그 검색대에서 한 발자국도 벗어나지 못하고 30분을 기다릴 수밖에 없었다. 인터뷰 대상자와 전화연결을 시켜주지 않는 것은 물론 검문검색대를 조금도 벗어날 수 없다고 명령했다. 리마에서 사설경비원의 위력이 얼마나 막강한지를 경험한 것이다.

 리마의 사설경비원이 많아지게 된 것은 70, 80년대의 도시 게릴라들 때문이다. 샌데로 루미노소와 투팍 아마루 게릴라 그룹은 하루가 멀다하고 리마를 공격, 경찰과 총격전을 벌였고, 이 와중에 인명피해는 물론 재산피해가 말할 수 없이 컸다.

 경찰력만으로는 개인의 생명과 재산을 보호받을 수 없다는 판단에서 웬만큼 사는 사람들은 너나할 것 없이 사설경비원들을 고용하기 시작한 것이다.

 실제 알베르토 후지모리가 대통령이 되기 직전까지만 해도 리마시에서는 대낮 강도사건이 비일비재했다고 한다. 89년 페루로 어학연수를 온 뒤 이곳에 눌러앉게 된 교민 김모씨는 이렇게 회상한다.

 "도시 게릴라는 물론 도시의 무장강도들도 89년에서 90년 초 기승을 부렸다. 대낮에 관광객들이 배낭을 메고 거리를 걸을 경우 몇명이 달려들어 배낭을 빼앗아 달아날 정도였다. 그러나 후지모리가 대통령이 되고나서부터 이같은 치안부재현상은 점점 개선됐다. 10년 후인 요즘 적어도 리마 시내는 안전하다. 샌데로 루미노소나 투팍 아마루 게릴라 조직이 대부분 소탕됨에 따라 무장강도들의 준동도 거의 없어졌다."

실제 리마의 신시가지 미라플로레스 지역은 대낮은 물론 밤중에도 안전해졌다. 관광객들은 밤늦도록 해변 정취를 만끽할 수 있게 됐고, 고급 레스토랑은 한밤의 분위기를 즐기려는 젊은이들로 만원이다.

인터뷰 | 시민운동가 에르네스토 델라 하라 |

에르네스토 델라 하라(43)는 페루의 대표적인 비정부기구(NGO)인 시민법률보호단체의 대표다. 26세 때인 83년 지인들과 인권운동기구인 시민법률보호단체를 만들어 현재까지 이끌어 오고 있다. 원래 직업은 변호사인데, 이 단체에서 발행하는 월간지 『이델레』에 사설과 기사를 정기적으로 쓰고 있어 '현역 언론인'이라고 자신을 소개했다.

그는 이 단체를 만든 동기에 대해 "무고한 사람들이 무장 좌파 게릴라들과 군에 의해 힘없이 죽어가는데 대해 분노를 느껴 이같은 현실을 바꾸고자 만들었다"고 말했다. 시민법률보호단체에서는 페루 시민들의 인권옹호 운동은 물론 정치교육을 담당하고 있으며, 페루의 95개 지역 네트워크를 연결하는 라디오방송국에 시사정보 프로그램을 만들어 공급하고 있다.

이 단체의 여성대표를 맡고 있는 수산나 비야란은 2000년 11월 말 출범한 과도내각의 여성장관으로 발탁될 정도로 국내외적으로 이 단체는 신뢰를 받고 있다. 정식 직원은 45명, 외부용역은 20명이며, 지방의 단체들과 네트워크를 통해 공동사업을 펼치고 있다.

– 1983년 이 단체를 만들 때 상황이 어려웠을 터인데…

"당시는 좌익 게릴라 활동과 정부군의 진압작전이 활발할 때였다. 양민들이 두 집단의 틈에서 수없이 죽어갔다. 83년부터 2000년까지 피해를 입은 사람은 총 1만 2천명에 달하는데, 이 가운데 군과 경찰은 1~2천명에 불과하다. 평범한 사람들이 일상의 생활에서 유린당하는 이같은 상황에 대해 문제를 제기하기 위해 단체를 조직했다."

– 정권으로부터 탄압을 받지 않았는가?

"우리 단체에 대한 위협은 있었으나 직접 당한 적은 없다."

– 이 단체가 폭로한 인권탄압 사례중 가장 대표적인 것은 무엇인가?

"92년 반테러 소탕을 위해 만들어진 군재판소, 우리는 이것을 얼굴없는 재판소라고 흔히 부르는데, 여기서 테러 관련자로 수감된 1천 명에 대해 우리 단체에서 무죄임을 증명해 석방했다. 우리 잡지에도 소개했지만 빌마 테러스라는 여성은 죄없이 6년간 수감됐었으나 1주일 전에 풀려났다. 일반 죄수들 가운데도 죄없이 수감되어 있는 사람들이 많다. 국제인권단체에서 이에 대해 문제를 제기하자 후지모리 자신이 재검사를 지시, 5백명 정도가 무죄판결을 받고 출소했다."

– 재원은 어떻게 마련하는가?

"국제기관으로부터 재정지원을 받는 것 외에 유럽과 미국, 캐나다로부터 지원금이 들어오고 있으며, 우리도 자체적으로 잡지를 판매, 수익금을 얻고 있다."

– 자원봉사요원들은 얼마나 되는가?

"가톨릭 대학, 우페세 대학과 자매결연을 해서 필요할 때마다 봉사자들의 도움을 받고 있다."

— 페루의 NGO들의 현황은 어떤가?
"우리 단체가 페루내 인권단체로는 가장 규모가 크고 오래됐으며, 이외에도 70여개의 인권단체들이 활동하고 있다. 그밖에 불평등, 빈곤, 사회복지, 여성인권 문제에 관심을 갖는 단체들도 있지만, 인권문제가 가장 중요한 이슈다."

— 시민단체들은 페루 정치상황에서 어느 정도의 영향력을 발휘하고 있는가?
"우리의 정치적 영향력은 점차 커지고 있다. 후지모리 망명 이후 미주기구가 정권이양과정을 감시하러 왔을 때 우리 인권단체 관계자들을 포함시킬 정도로 우리의 영향력은 점차 커지고 있다."

— 후지모리 망명 이후 과도내각이 들어서고 후지모리 시대에 대한 단죄 분위기가 강한데, 인권단체 차원에서 요구하고 있는 것은?
"우리는 인권문제와 관련해 샌데로 루미노소 등의 좌익 게릴라 단체들이 자행해온 인권유린사태, 정부가 반테러 작전이라는 미명하에 일반 시민들을 체포, 수감한 수많은 사례에 대해 조사위원회를 구성해 진실을 규명토록 정부에 요구했고, 이에 대해 사법부는 정식 조사활동을 벌이고 있다. 진실이 밝혀질 것이다."

— 이 단체를 결성했을 때 어려운 점은 없었나?
"당시 우리들은 좌익 테러리스트와 정부로부터 모두 적으로 간주됐었다. 좌익 테러리스트들은 우리를 부르주아적 인권을 중시하는 사람들로 몰아부쳤고, 정부에서는 또 테러리스트를 옹호하는 사람들이라며 우리를 적으로 규정했다. 이 때문에 우리는 테러 단체들로부터도 암살위협을 받았고, 정부로부터도 그런 위협을 받았다. 우리 단체원들은 그래서 방탄조끼를 입고 다닌 적이 많았고, 무장경비원들과 함께 이동하기도 했다. 참으로 어려운 시기였다.

당시 우리가 여러 차례 죽을 고비를 넘기면서도 살아날 수 있었던 것은 샌데로 루미노소가 우리를 죽일 경우 자기들에 대한 여론이 악화될 것을 우려해 실행하지 못했다. 정부로부터의 위협에 대해서는 미국대사관에서 보호해줬다."

- 샌데로 루미노소는 이 단체를 어떻게 보고 있나?

"샌데로 루미노소의 지도자인 아비마엘 구즈만은 인권단체가 부르조아의 유산물이라고 규정했고, 우리를 제국주의자의 앞잡이라고 비판했다. 레닌주의와 마오주의로 무장한 샌데로 루미노소는 우리 단체를 인정하지 않았다."

인터뷰 | 노조 지도자 호세 루이스 리스코 |

호세 루이스 리스코는 건설노동자로 잔뼈가 굵은 전형적인 노동자로 1982년부터 노조일에 관여해 왔으며, 95년 이 연맹의 의장으로 취임했다. 리스코 의장은 "80년대 사회주의 정권 시절에는 정부와 사이가 좋았고, 후지모리 1기 때도 좋은 관계를 유지했다"고 설명했다. 그러나 후지모리 정권이 1995년부터 2기체제로 돌입함에 따라 노동자 해고가 늘어나고 일자리가 줄어들어 적대적 긴장관계를 유지하게 됐다고 설명했다.

이 연맹은 페루 노동자 연대조직 가운데 가장 규모가 큰 것으로, 페루의 총 근로자 450만 명 가운데 40%에 해당하는 2백만명의 노동자가 이 단체에 소속되어 있다.

리스코를 만나기 위해서는 약간 용기가 필요했다. 노동연맹 본부가 리마 구시가지의 슬럼가에 위치해 있는 데다 본부건물을 찾기가 만만치 않았기 때문이다. 저녁 나절에 이곳을 지나는 것은 목숨을 내놓는 위험행위와 같다고 동행한 통역자가 설명했는데, 대낮에도 스산한 분위기는 이방인을 긴장시켰다.

- 노동연맹은 어떤 단체인가.

"1924년 페루 사회당을 창당한 호세 까를로스 마리데키에 의해 창설됐으며, 주요 임무는 근로자를 보호하는 것이다. 페루에는 몇 개의 노동단체가 있으나 우리 연맹이 가장 오래됐으며, 가장 대표성도 갖고 있다."

- 페루 민주화과정에서 노동연맹의 역할은?

"우리는 정치활동을 공개적으로 해왔으며, 지난 총선 때도 2명의 대표가 출마한 바 있다."

- 후지모리 정부는 노조에 대해 어떤 입장을 취했나?

"후지모리 1기 때인 1990~95년까지는 좋은 관계를 유지했다. 노사정 회의도 열려 민감한 이해관계가 걸린 사안에 대해서는 함께 협의도 했다. 그러나 후지모리 정부는 2기에 들어서면서 노조와 거리를 두기 시작했다. 노조와 노동부장관과의 대화창구도 단절됐다. 후지모리는 노조결성권을 약화시켰고, 모든 노조의 대표들을 회사에서 해고시켰다. 특히 국영기업의 경우 경영합리화라는 미명하에 해고된 사람이 40만 명에 이른다."

- 후지모리는 일반적으로 빈곤층을 위한 복지정책에 적극적이었던 지도자로 알려져 있는데, 노동정책에 대해서는 부정적인 정책을 썼다는 의미인가?

"후지모리는 근로자의 근로권을 박탈했다. 일부 빈곤층이 그를 지지한 것은 빈민층 밀집지역에 전기를 공급하고 도로를 깔아주는 등 선심정책을 썼기 때문이다. 근로자들에게 필요한 것은 일자리를 만드는 효율적인 경제정책인데 이것에 대해 후지모리는 역할을 하지 않았다."

- 정부가 페루의 빈곤문제를 해결하기 위해 어떤 역할을 해야 한다고 보는가?

"건설, 농업, 광업의 육성을 통해 일자리를 만들고 생산에 주력해야 한다. 또한 국내산업 보호차원에서 농산물이나 섬유 수입을 자제해야 한다."

- 페루의 최저임금은 100달러 이하라는 말이 있는데…

"노조에서는 4인가족 생활을 위한 최저생계비가 4백달러는 되어야 한다는 입장이다. 그러나 조사에 따르면 최저임금에도 못미치는 1백 달러 이하의 임금을 받고 일하는 노동자들이 많아 문제다."

- 남미 국가들 차원에서 노동자 연대운동도 벌이고 있는가?

"물론이다. 정보도 교환하고 회의도 개최해 친목을 다진다. 개별국가의 정부가 노조탄압을 벌일 때는 연대해서 항의시위를 하기도 한다. 96년 쿠바에서 카스트로가 참가한 상태에서 남미 노동자연합회의가 개최됐었다."

교통지옥 리마

　페루 수도 리마에는 두 세상이 존재한다. 신리마와 구리마. 이른바 센트럴 리마로 불리는 구리마와 미라플로레스로 대표되는 신리마 지구는 그야말로 전혀 다른 얼굴을 하고 있다.
　신리마와 구리마는 하비에르 쁘라도라는 대로를 경계로 나눠지는데, 남쪽 신리마에는 세계 첨단의 쇼핑몰과 고급 음식점들, 고급 주택들이 즐비하다.
　반면 방향을 돌려 북쪽의 구리마로 향하면 분위기는 달라진다. 도로는 차선을 무시하고 끊임없이 경적을 울리며 달리는 고물자동차로 가득차 있고, 자동차와 자동차 사이에는 싸구려 상품을 파는 인디오 소년들이 어지럽게 뛰어 다닌다.
　마치 시가전이 벌어지고 있는 듯한 느낌이다. 잠깐 한눈을 팔면 사고내기 십상이다. 고개를 돌려 주변 상가를 보면 할일없이 멍하니 거리를 쳐다보고 있는 실직자들이 눈에 띈다.
　리마, 특히 구리마가 이렇게 교통지옥이 된 것은 자동차를 가진 사람 누구나 영업을 할 수 있도록 했기 때문이다. 페루 정부는 실업자 일자리 창출 차원에서 택시 영업을 완전자유화, 택시라는 팻말만 써붙이면 누구나 가능하게 했다.
　실업자들은 최소 1천 달러에서 4천 달러에 달하는 중고차를 사서

너도나도 무허가 자동차 영업에 나서기 때문에 리마의 교통량은 날이 갈수록 늘고 있다.

또한 모든 택시에 요금 미터기가 없다. 갈 곳에 대해 먼저 얘기하고 값을 흥정한 뒤 승차하는 게 이곳 사람들의 관례다. 택시요금은 비싸지 않지만 지리에 낯설고 말도 서툰 외국인에게 택시는 공포의 대상일 수밖에 없다. 리마의 길이 복잡한데다, 운전자들이 험하게 운전을 하기 때문에 생명보험을 몇 개 들어놓아야 마음이 놓일 듯한 순간이 한 두번이 아니다.

택시 승객을 상대로 한 노상강도도 많아 승차시 창문을 열어놓는 것은 절대 금물이다. 가방도 목에 걸고 꼭 잡고 있어야 할 정도이고, 카메라, 비디오 캠코더 등도 눈에 띄지 않도록 주의해야 한다.

전시상황을 방불케 하는 것은 이뿐이 아니다. 크고 작은 마을버스들까지 도로의 무법자로 가세해 마음대로 주행과 정차를 반복하기 때문에 구리마에서 택시를 타거나 운전을 하는 것은 미국 액션영화의 한 장면과 같은 긴장도 준다.

리마에서 10년 거주했다는 한 교민은 "구리마의 혼란스런 교통질서는 오늘날 페루 현실의 압축판"이라면서 "교통질서도 민도에 따라 달라지겠지만 리마에서의 삶은 하루하루가 전쟁과 같다"고 토로했다.

인터뷰 | 언론인 **리카르도 우세다** |

리카르도 우세다(47)는 페루 유력신문 「엘 코메르시오」의 탐사보도팀장이다. 알베르토 후지모리 정부의 부패 실태에 대한 탐사보도로 국제사회에 유명해졌다. 1974년에 시작해 올해 26년째 기자생활을 하고 있다.

― 페루와 칠레, 아르헨티나는 모두 70,80년대 군부통치를 체험한 국가들인데, 유독 페루가 경제발전에서 뒤떨어진 이유는 어디에 있다고 보는가?

"경제정책다운 정책이 없었고, 있었다 해도 경제 마스터플랜에서 문제가 있었다."

― 페루의 군부와 경제계 인사들이 무능했다는 뜻인가?

"이 나라의 경제가 어려운 것은 알란 가르시아 대통령(1985~90 재임)의 경제정책이 수준 이하였기 때문이다. 한마디로 수입은 적은데 돈은 펑펑 쓰는 정부였다. 경제정책의 일관성도 없어서 은행국유화라는 모험을 단행했고, 이어 세계은행이나 국제통화기금(IMF) 등을 탈퇴하는 등 무리한 정책을 폈다."

- 후지모리에 대해서는 어떻게 평가하는가?

"후지모리는 1차 집권기에 테러 문제를 해결했고, 과감한 경제정책도 펴는 등 많은 기여를 했다. 거시경제정책을 잘 운행했다는 점에서 의미가 있으나 독재정치를 강화했다는 점에서는 문제가 많다.

특히 사법부의 신뢰성 결여가 가장 큰 문제다. 10년 전에는 테러 때문에 국제자본들이 페루에 투자를 못했는데, 10년 후인 요즘에는 사법부의 신뢰도가 떨어져 외국인 투자자들이 발길을 돌리고 있다."

- 페루의 부패문제를 탐사보도했다고 하는데, 페루의 부패는 어느 수준인가?

"가장 큰 부패는 군수 무기의 수입에 따르는 커미션이다. 마약을 통해 들어오는 부패도 크다. 페루 마피아들이 몬테시노스에게 돈을 바쳤다는 발표도 있었듯이 마약 관련 부패는 아주 뿌리가 깊다. 콜롬비아 마피아 에스코바르의 동생이 몬테시노스에게 돈을 건네줬다는 증거도 잡았는데, 사실 여부를 확인해봐야 한다. 이밖에 페루 밀림지역에 근무하는 군경찰들이 해당 지역 근무에서 교체될 때 결탁한 마약단들로부터 거액을 받는 것으로 알고 있다."

- 국세청은 다른 기관에 비해 비교적 청렴하다는 평이 있던데…

"90년 후지모리 집권 후 국세청 직원에 대한 대우가 좋아지면서 부패가 근절됐었는데, 95년 이후 몬테시노스가 들어오면서 국세청 비리도 많이 늘은 것으로 안다. 그가 국세청에 압력을 행사해 많은 부정을 저질렀을 것이다."

- 과도내각은 부정부패를 막기 위해 어떤 노력을 하고 있는가?

"군부 인사개편을 했고 사법부와 내무부의 독립성을 강화했다. 이게 변화의 주된 내용이다."

– 페루의 최저임금이 1백 달러라고 하는데, 국회의원들이 월 6천 달러의 월급을 받는 것은 너무 불평등하지 않은가?

"국회의원의 월급이 많다고는 생각지 않는다. 다만 최저임금이 너무 낮은 게 문제다."

– 페루는 인종적으로 다양하고 빈부격차도 큰 것으로 아는데, 국가의 통합성을 어떻게 유지해 나가고 있는가?

"페루는 원래 성격적으로 여러 가지 이질적인 문화, 인종 때문에 사회 자체가 복잡성을 띤다. 그럼에도 불구하고 같은 국민들 사이에 눈에 띄는 파벌이 조성된 것은 아니다. 어느 정도 일치하는 공감대가 있다. 후지모리 시기 테러 소탕을 할 때 공감대가 유지됐고, 지금은 작고 능력있는 정부가 들어서야 한다는 데 대해 국민적 기대감이 형성되고 있다."

– 후지모리 때문에 동양인들에 대해 반감이 형성되고 있는가?

"없다. 페루 국민들은 후지모리 정부에 대해서는 섭섭함을 느끼고 있으나 여기에 살고 있는 일본인, 나아가 동양인에 대한 반감이 형성되고 있는 것은 아니다."

– 페루 시민단체의 성장은 어느 수준인가?

"현재 시민의 정치 참여수준은 높아지고 있다. 시민들의 요구도 정치에 반영되는 폭이 넓어졌다."

지도층이 무능하면 한 세대가 불행해진다

　남미대륙의 국가들은 역사적으로 공통점이 많다. 스페인 식민지가 된 시기나 해방된 시기도 비슷하고, 원주민과 백인들과의 갈등 정도도 엇비슷하다.
　그러나 해방 후 180년의 역사를 거치면서 각 나라의 운명은 하늘과 땅 차이로 벌어졌다. 칠레는 남미의 싱가포르로 발돋움하고 있는 반면, 아르헨티나는 중진국에서 개도국으로 퇴행의 길을 밟고 있으며, 남미 최고 문명을 이룬 잉카제국의 본향 페루는 후진국 수준에 머물고 있다.
　국민의 절반 이상은 월 1백 달러도 제대로 벌지 못하는 영세민들이나 백인 상류층의 월급은 6~7천 달러를 넘어서는 극단적인 소득 격차가 당연스레 받아들여지고 있고, 사회질서는 만인에 대한 만인의 투쟁상태라는 경구가 딱 어울리는 수준이다. 부정부패는 말단 경찰관에서 최고위 대통령에 이르기까지 암세포처럼 번져 있다.
　"판사의 동의어는 부패다."
　리마의 일반인들이 가장 흔히 하는 말이다. 한번이라도 법원을 들락거린 경험이 있는 사람들은 판사들의 노골적인 부정부패에 대해 진력을 낸다. 지방법원에서 분명히 승소했음에도 불구하고 고등법원에서 재판 결과가 뒤집히는 사례가 비일비재하기 때문이다. 재판의 관건은 뇌물의 액수에 의해 결정된다.

페루 과도내각의 디에고 가르시아 사이안 법무장관은 "페루 법무부의 권위가 실추된 것은 알베르토 후지모리의 부정부패탓"이라면서 "후지모리는 판사의 80%를 정규직이 아닌 임시적으로 구성해 사법부를 좌지우지했다"고 지적했다.

특히 후지모리의 정보고문인 블라디미르 몬테시노스는 사법부를 통제하기 위한 목적에서 '사법부행정위원회'를 구성해 사법부를 사실상 지배했다는 것. 몬테시노스는 개별 재판에 개입, 당사자들로부터 거액의 뇌물을 받은 뒤 재판 결과를 마음대로 뒤집는 전횡을 했다고 가르시아 장관은 덧붙였다.

후지모리 체제 하에서 사법부 조직이 사실상 와해되자 외국인 투자기업들도 페루를 떠나고 있다. 리마 현지에서 만난 대우자동차 관계자는 "과거에는 샌데로 루미노소나 투팍 아마루 등 테러조직을 두려워하는 외국기업들이 많았지만, 요즘에는 사법부의 부패 때문에 페루 투자를 꺼리는 기업이 많다"고 고충을 털어놨다.

그의 체험담이다.

"현금을 싣고 은행으로 가다 무장강도들에게 털려 경찰에 신고를 했다. 경찰은 아무렇지도 않다는 듯 '만약 내가 찾아주면 커미션으로 얼마를 줄 것이냐' 묻기에 두말 하지 않고 나왔다. 커미션을 주느니 보험처리하는 게 이득일 것이라고 생각했기 때문이다."

경찰 가운데 가장 악명이 높은 이들은 교통경찰이다. 교통위반은 물론이고 어떤 교통사고도 돈으로 해결될 수 있다는 게 현지인들의 설명이다. 알베르토 후지모리 전대통령은 리마 시내 교통경찰에 대한 원성이 높자 남성 교통경찰을 여성으로 교체했다. 여성이 남성보다 덜 부패할 것이라는 후지모리의 판단은 적중했으나, 교통 관련 부패는 근절되지 않고 있다. 공무원의 인허가 사업에는 당연히 통과세가 따른다.

▶ 잉카의 고도 쿠스코에서 흔히 볼 수 있는 원주민 노점상.
한달 소득이 100달러도 되지 않는 영세 빈민이 대부분이다.

이같은 부패는 군인들의 부패에 비하면 새발의 피다. 페루 군부의 부패문제를 추적 보도해 국제적 주목을 받은 「엘 코메르시오」 리카르도 우세다 탐사보도팀장은 군부의 부패에 대해 다음과 같이 털어놨다.

"페루에서 가장 큰 부패는 군수 무기의 수입에 따르는 커미션부터이다. 과거 페루 군부는 러시아로부터 고장난 비행기를 멀쩡한 비행기인 것처럼 거액으로 구매하면서 커미션을 받았다. 군부가 마약 관련자들로부터 받는 검은 돈도 엄청나다. 페루 밀림지역에 근무하는 군경찰들은 해당 지역 근무를 그만두고 교체될 때 결탁한 마약단들로부터 거액을 받는 것으로 알고 있다."

페루 지식인들은 페루가 무질서와 부정부패의 천국이 된 원인을 사회지도층의 총체적 무능에서 찾고 있다. 독립후 1980년까지 권력을 장악한 군부는 물론이고, 정치인, 민간의 지식인 대부분이 무능한데다 부패했다는 것이다.

리마대 정치학과 발터 올리바 교수는 칠레와 페루가 달라진 점을 다음과 같이 설명했다.

"페루에는 칠레처럼 중장기적 산업정책을 펼칠 만한 지식인 집단이 없었다. 칠레에는 청렴하게 국가에 참여해 국가의 발전정책을 펼칠 만한 집단이 있었는데, 페루에는 자기이익, 자기 이해관계를 위해 일하는 사람들 뿐이었다. 특히 페루의 지식인이나 정치인들은 좌파나 우파를 막론하고 모두 부패했다."

리카르도 우세다 팀장도 페루가 무질서와 저개발 상태의 후진국으로 남아 있는 원인을 지도층의 무능에서 찾고 있다. 페루의 주류사회는 페루의 나갈 길, 특히 경제 마스터 플랜에 대한 합의가 없었다는 것이다. 잇따른 정책 실패로 인해 국민의 절반은 빈곤상태에서 살고 있고, 국가는 질서가 형성되지 않은 무질서의 상태로 남아 있다. 무능한 정부, 무능한 지도층이 한 세대 국민 전체를 불행하게 만든 것이다.

인터뷰 | 한국 모델 연구하는 로베르토 가마라 |

로베르토 가마라(45)는 페루 출신의 경제학자로 뉴욕대학에서 한국 경제와 아르헨티나, 대만을 비교 연구해 박사학위를 받았으며, 현재 컬럼비아대학 비즈니스 스쿨 비지팅 스칼러로 있다.

가마라씨는 페루에서 국회 상원의원의 경제자문관을 10년간 역임했으며, 1990~93년까지 페루 상무부 뉴욕사무소장으로 있으면서 뉴스쿨 대학교의 앰리스 앰스텐 교수 밑에서 한국경제 모델을 연구했다.

― 한국 경제발전에 대해 관심을 갖게 된 동기는?

"1990년 칠레 상무부 뉴욕 사무소장으로 부임하면서 뉴욕의 뉴스쿨 대학원에 재직중인 앰스텐 교수를 만나게 되면서부터 한국 모델에 대한 관심을 갖게 됐다. 당시 앰스텐 교수는 한국의 재벌에 대한 연구를 진행했는데, 한국이 최단기간내 경제개발에 성공한 점에 대해 상당히 높게 평가하고 있었다."

― 한국의 경제모델에 대해 어떻게 보는가?

"한국은 전후 최단기간 내에 경제개발을 통해 빈곤문제를 스스로 해결한 유일한 나라다. 그간 많은 나라들이 빈곤을 극복할 수 있는 방법을 모색했으나 대부분 실패했다.

한국은 30~35년이라는 짧은 기간에 걸쳐 빈곤문제를 해결했고, 개발도상국의 위치에서 벗어났다. 경제학자들은 한국과 대만과 홍콩, 싱가포르를 묶어 아시아의 4마리 용이라고 평가하고 있으나 한국의 모델은 나머지 3개국보다 뛰어나다.

실제 홍콩은 이미 중국에 반환됐고, 대만도 가까운 미래에 독립적 국가의 지위를 유지하기 힘들 가능성이 높고, 싱가포르 또한 도시국가라는 한계를 지닌다.

반면 한국은 경제개발을 통해 4천여 만의 인구에게 주택과 교육을 제공했고 삶의 질을 높이는 데 성공했다. 더욱이 한국이 북한과 하나가 되면 잠재력은 더 커질 것이다. 하지만 문제가 없는 것은 아니다. 한국 경제모델을 구체화하면서 한국은 경제를 개발도상국 수준을 넘어 선진국을 넘보는 수준으로 발전시켰으나 정치적으로는 권위주의 체제를 유지하는 개도국의 수준에서 완전히 벗어나지 못했기 때문이다. 그럼에도 불구하고 한국은 개도국의 가장 바람직한 모델이다."

― 한국 내에서는 박정희식 개발독재 모델에 대해 상당히 많은 비판이 가해지고 있는데, 외국인의 관점에서 한국 모델을 너무 미화하는 게 아닌가?

"그렇지 않다. 나는 앞으로도 한국 모델이 유의미한 경제 모델이 될 것으로 본다. 특히 한국의 박정희 전대통령이 경제개발정책을 펼치면서 국제통화기금(IMF)이나 세계은행(WB)의 일방적 처방에 따르지 않고 한국에 맞는 경제개발전략을 세운데 대해 주목한다."

― 후지모리 전대통령이 박정희 모델을 따르려 했다는 주장도 있는데…

"후지모리는 1991~92년 동아시아 모델을 참고한 것이 사실이다. 그러나 당시 페루에는 초강력 인플레이션이 있어서 이것을 먼저 극복하는게 과제로 등장했다. 또한 페루 외무부에서는 후지모리가 동아시아 모델을 따르려 하는데 반대하고, 오히려 칠레 피노체트 모델을 참고해야 한다고 주장했다. 한국과 같은 정부개입에 의해 추진되는 경제개발이 아니라 개방시장체제를 지향하는 것이어야 한다는 게 당시 외무부의 입장이었다. 궁극적으로 93년부터 후지모리는 칠레 모델을 따르기로 했다."

― 후지모리 1기의 경제정책을 칠레형 모델 적용기라고 보면 되는가?

"후지모리는 자유시장경제를 지향하고 경제개입을 자제하면서 페루가 라틴아메리카 제2의 호랑이가 되기를 기대했다. 실제 페루는 국제통화기금과 세계은행의 조언에 따라 이같은 정책을 실시했다. 92년부터 94년까지 페루의 GNP가 급성장한 것은 사실이지만, 이내 한계가 드러났다."

― 박정희식 경제개발은 국제금융기구의 처방보다는 국내적 발전 비전을 가진 것이기 때문에 성공했고 후지모리의 1기 경제전략은 국제금융기구의 처방에 따랐기 때문에 잘못됐다는 얘기인가?

"IMF와 세계은행의 정책처방이 논리적으로는 옳을 수 있으나 개별국가의 특수성이나 역사적 배경을 고려한 것이라고 보기는 어렵다. 실제 정책처방이 오류일 수도 있다는 얘기다. 한국의 박정희 대통령이 60년대 후반부터 구체화한 경제개발전략은 한국의 특수성을 고려한, 한국에 적합한 정책이다. 포항제철이나 현대, 삼성 등 대기업의 성장사를 보면 60년대 말 국제금융기구의 한국에 대한 정책처방이 옳지 않았음을 알 수 있다."

– 미국의 경제학자들의 IMF 등 국제금융기구의 각국 정책처방이 득보다 실이 많았다는 주장에 대해 동의한다는 것인가?

"세계은행에서 컬럼비아대로 옮긴 조셉 스티글리츠는 최근 미국공영방송인 채널 13에서 방영된 IMF 정책관련 프로그램에서 IMF 각국 프로그램의 80%, 세계은행의 각국 프로그램의 50%가 실패했으며, 이들 국제금융기구가 세계의 빈곤을 퇴치하기보다는 더욱 더 심각한 빈곤을 만들었다고 지적한 바 있다.

그런데 한국은 예외적으로 국제금융기구의 정책처방에 따르지 않고도 독자적으로 성공했다. 최근 세계은행이 한국정부에 권고한 지식기반 경제의 강화문제에 대해 나는 이같은 측면에서 약간의 우려를 하고 있다."

– 조금 더 구체적으로 설명한다면…

"칼 다먼(Carl Dahlman) 등 세계은행의 정책전문가들은 한국이 거시경제차원에서 지식기반경제의 틀을 갖춰야 한다고 제언하고 있으나 그런 거시경제정책은 한국경제 전반에 대한 총체적인 정책대안이 될 수 없다는 것이다. 세계은행이 제안한 지식기반 경제 마련이 한국경제에 대한 부분적인 처방은 될 수 있다. 한국이 세계은행이나 IMF의 처방을 그대로 따르는 것은 역사적 경험으로 볼 때 바람직하지 않다."

– 한국 경제모델의 특징을 무엇이라고 보는가?

"한국의 대기업 설립자들은 아주 특별한 경영 리더쉽을 지녔고, 그들의 효율적인 기업운영과 비전은 한국 모델을 성공시키는 기본동력이 됐다. 한국 경제모델을 연구해온 경제학자들은 그간 한국의 정부관료들이 방향감각을 갖고 경제를 제대로 이끌어왔다는 평가를 하고 있으나 나는 그렇게 보지 않는다."

– 그러면, 한국 경제모델이 성공할 수 있었던 핵심동력은 대기업군이라는 판단인가?

"현대와 포항제철, 삼성 등의 대기업은 한국경제 급성장과 함께 기업의 규모가 커졌고, 이제는 글로벌 기업으로 확고하게 자리잡았다. 개발도상국에서 그같은 대기업이 출현한 예는 없다. 대기업 창업자들의 경영능력, 미래를 내다보는 비전, 외국과의 협상능력은 다른 나라에 비해 월등하게 뛰어나다. 이들이 한국 경제모델을 성공시킨 기본동력이다. 이같은 관점에서 볼 때 한국은 전환기의 글로벌 비즈니스를 이끌어갈 새로운 리더, 새로운 비전을 지닌 기업 지도자에 대한 관심을 갖고 이들을 육성해야 한다"

– 한국 경제모델 연구자로서 최근 한국의 경제 위기에 대해 처방을 한다면…

"한국경제는 현재 전환기에 놓여 있다. 경제가 제2단계로 도약하기 위해서는 새로운 사고, 새로운 모델이 필요하다. 이를 위해 정부나 기업, 노동 분야에서 개혁이 필요한 게 사실이다. 그렇다고 한국은 IMF와 세계은행이 제시하는 모델에 무조건 따를 게 아니라 자신의 과거 경제발전 역사를 스스로 되돌아보고, 무엇이 한국의 힘인지, 무엇이 한국의 전략이었는지에 대한 엄정한 평가를 통해 자신의 길을 선택해 나가야 한다."

– 한국과 남미 각국은 대개 60년대 중반부터 경제개발전략을 가속화했는데, 한국은 성공한 반면 칠레를 제외한 남미의 대부분의 국가들은 실패를 했다. 어떤 차이 때문인가?

"그간 동아시아 모델과 남미 모델에 대한 연구와 분석은 여러 관점에서 진행되어 왔다. 몇몇 연구자들은 테크놀로지, 교육, 수출주도형 경제 등에서 그 원인을 찾았다. 그렇지만 다양한 요인을 통합적 관점에서 바라볼 필요가 있다. 이 경우 한국의 사례는 상당히 주목할 만하다. 역사적으로 볼 때, 한국은 일본 테크놀로지 따라 배우기 전략으로 성공한 것이고, 남미국가들은 미국 테크놀로지 따라 배우기에서 실패한 것이다. 그런 점에서 한국은 운이 좋았고, 남미의 아르헨티나, 페루, 칠레는 운이 나빴다고 할 수 있다."

- 한국이 왜 운이 좋았다고 보는가?

"60년대 중반 한국이 산업화를 시작할 때 일본은 이미 산업화에 성공했고 일본의 제조업은 세계적 수준이었다. 한국은 따라 배울 수 있는 좋은 모델이 이웃에 있었던 것이다. 그러나 남미는 그렇지 못했다. 아르헨티나나 브라질, 칠레, 페루는 모두 미국의 영향력 하에서 미국 경제모델을 도입하기는 했으나 미국의 제조업 테크놀로지를 배우는 데에는 실패했다."

- 테크놀로지가 한국과 남미의 경제발전전략 성패를 갈랐다는 얘기인가?

"한국의 산업화 전략은 일본으로부터 테크놀로지를 도입하되 이를 한국의 환경에 독자적으로 접목시켜 성공했으나 남미의 산업화 시기에 미국의 테크놀로지는 경제발전의 핵심요소가 될 수 없었다. 남미국가들은 미국의 테크놀로지를 도입해 자국의 경제에 맞게 적용, 상품화하지 못했고, 그저 미국 제조업 상품의 시장 노릇만 하게 됐다"

- 남미국가들이 미국의 테크놀로지를 배우는데 실패한 요인은 무엇이라고 보는가?

"한국의 경우 산업화 정책을 세울 때 이웃 국가인 일본은 이미 고도성장기에 접어들었기 때문에 한국은 이를 따라 배우면서 자신의 길을 닦을 수 있었다. 이런 점에서는 국민성의 차이도 중요한 역할을 했다. 한국 사람들은 무엇을 배우는데 열심이고 테크놀로지에 친숙한 민족이다. 그러나 남미의 경우 미국의 테크놀로지를 따라 배워 독자적으로 상품화하기에는 많은 한계가 있었다. 미국의 기술발전이 너무 빨랐다. 특히 중요한 것은 남미 사람들이 테크놀로지 지향적인 사람들이 아니라는 점이다. 정부관료나 정치인들도 미국의 선진 테크놀로지가 빈곤과 싸우는데 있어 중요한 수단이 된다는 것을 인식하지 못했다."

– 구체적으로 아르헨티나의 경우를 예로 든다면…

"아르헨티나는 경제대국이었으나 산업화 과정에서 잘못된 모델을 채택해 절망감만 맛본 대표적인 나라다. 미국의 테크놀로지를 도입해 이를 응용하기에 미국기술은 너무 앞선 것이었다. 경제모델이 실패하자 아르헨티나 사람들은 '우리들은 아무 것도 만들어낼 수 없다'는 좌절감에 빠졌다. 그래서 아르헨티나는 대부분의 제품을 수입하는 것이 최선이라는 사고를 갖게 된 것이다."

– 한국 연구자라는 측면에서 한국의 경험을 너무 긍정적으로만 보는 게 아닌가?

"한국은 20세기 중반 산업화를 가장 단시간에 해낸 행운의 나라이다. 그러나 행운이 언제나 반복되는 것은 아니다. 한국은 이것을 기억해야 한다. 글로벌 시대를 잘 이겨나가기 위해서는 비즈니스적인 측면에서 비전을 지니고 능력이 있는 경영자들이 필요하다. 말하자면 글로벌 시대의 뉴제너레이션이 필요하다는 것이다."

멕시코 | Mexico

멕시코는 고대 마야, 아스텍 문명의 발상지로 아메리카 인디언의 토착문명이 가장 많이 남아 있는 나라다.

인디언의 찬란한 문명은 1492년 컬럼버스의 신대륙 발견 이후 스페인 식민지로 전락하면서 차차 빛을 잃기 시작했으나 멕시코 곳곳에는 아직도 고대 마야문명의 유적지가 그대로 보존되어 있다.

북미와 남미를 잇는 중간지대에 존재한 멕시코는 면적이 197만 2,550㎢로 남한의 20배에 달하며, 인구는 1억 29만 4,036명(2000년 기준)으로 메스티조가 60%, 원주민 30%, 백인 등 기타 인종이 10%이다.

중남미 국가에서 인구가 1억이 넘는 나라는 멕시코와 브라질뿐일 정도로 인구강국이다.

1인당 GNP는 5천 달러(2000년 기준)이다. 멕시코 경제는 94년 심각한 위기를 맞았으나 94년 미국, 캐나다와 함께 북미자유무역협정(NAFTA)을 체결하면서 무역액이 급증하는 등 경제가 빠른 속도로 성장하고 있다.

1810년 스페인으로부터 독립, 1824년 공화국 체제가 들어선 이후 정당정치가 지속적으로 유지돼 왔다.

코카콜라 멕시코 지사장 출신인 비센테 폭스 대통령은 2000년 7월 보수야당인 국민행동당(PAN) 후보로 출마, 당선됐는데, 당시 에르네스토 세디요 대통령은 대선에서 여권 프리미엄으로 통하는 경기부양책을 쓰지 않아 정권을 사실상 내놓은 것이나 마찬가지라는 말을 듣기도 했다.

2000년 대선에서 야당이 승리함으로써 멕시코 정당정치는 71년만에 정권이 교체되는 대격변기를 맞게 됐다.

정치고질병을 치유한 내력

멕시코의 수도 멕시코시티의 남과 북을 관통하는 인수르헨테스 거리 양편에는 관청과 주요 기업 건물이 즐비하게 늘어서 있다.

이곳을 지나다보면 '캄비오'라고 쓴 크고 작은 간판들을 수없이 볼 수 있다. 환전소들이다. 요즘 이를 찾는 사람은 대부분 외국 관광객뿐 국내인들은 별로 눈에 띄지 않는다.

여느 때 같으면 신임 대통령이 취임하기를 전후한 몇 달 동안은 줄을 서야만 환전소를 이용할 수 있었다. 멕시코의 경제위기는 거의 정권교체기에 일어났기 때문에 사람들은 떠도는 소문에 귀를 기울이며 페소화를 안전한 달러화로 바꿔 두려고 환전소로 몰려들곤 했다.

멕시코는 심각한 경제 위기와 기적과 같은 극복을 반복해 온 나라다. 87년 멕시코는 인플레가 160%에 육박하는 위기상황을 맞았지만, 88년부터 93년까지 물가상승률은 점차 낮아져 한 자리 숫자로 안정되고, 멕시코 경제전망을 밝게 본 외국인 투자가 쇄도했다.

당시 개방과 개혁을 주도하며 경제회복을 이룩한 카를로스 살리나스 대통령은 '조용한 혁명을 일궈낸 세계적인 지도자'라는 칭송을 들으며 세계무역기구(WTO) 초대 사무총장 후보로까지 유력시되었지만, 퇴임한 지 3주만에 터진 금융위기의 책임을 뒤집어쓰고,

지금은 망명생활을 하는 신세로 전락했다.

멕시코가 수십년간 경제위기를 되풀이하게 된 원인은 지난해 11월까지 71년간 집권한 제도혁명당(PRI)의 정권욕과 무관하지 않다.

학계에는 '멕시코 경기의 정치주기론'이란 것이 있다. 6년 단임제인 멕시코에 신임 대통령이 취임하면 먼저 실정의 모든 책임을 전임 정부로 돌린다. 2년쯤 지나 경제가 안정되면, 취임 후 3년째 중반에 치러치는 총선을 준비하기 위해 경기부양을 시작한다. 어느새 긴축정책은 팽창정책으로 둔갑한다.

총선 때 경기수준은 취임시와 비슷하지만, 경기부양 덕에 국민의 인기는 상대적으로 높아진다. 총선에서 집권당은 승리하고 다음 대통령 선거까지 경기부양은 계속된다.

경기부양 과정에서는 많은 외자가 도입되고, 외국돈이 풍부해진만큼 페소화는 고평가되어 환율은 낮아진다. 외국제품이 상대적으로 싸지면서 억눌렸던 소비욕이 폭발한다. 때문에 경상수지와 재정수지는 적자행진을 계속한다.

이렇듯 거시경제가 멍드는 가운데 경기는 여전히 고조에 달해 집권당 차기 대통령 후보는 승리를 거둔다. 단임제 대통령으로서 임기중 마음껏 베풀고, 국민의 추앙을 받다가 자기가 지명한 후계자에게 정권을 물려주고 떠나는 전통은 수십년간 이어진 멕시코 정치의 관행이었다. 이 때문에 국가 장래를 걱정하는 현실적이고 냉정한 정책운영은 기대하기 어려웠다.

빅토르 고디네스 멕시코 국립대 정치학부 교수는 "구조조정이 실패한 것은 사회적 반발 때문이 아니라 정부가 정권욕 때문에 스스로 일관성을 포기했기 때문"이라고 지적했다.

멕시코 정치의 이같은 고질을 고친 인물은 전임 대통령 에르네스토 세디요다. 경제위기의 악순환 고리를 끊는 길이 오로지 정치개혁이라고 믿은 그는 야당과의 협의를 거쳐 선거법을 개정하고, 공정선거를 약속했다. 그 결과 97년 총선에서 멕시코 사상 처음으로 여소야대 정국이 도래했고, 지난해 7월 대선 때 마침내 정권을 국민행동당(PAN)에 내줘야 했다.

세디요는 임기중에 중앙정부 조직을 축소

▶ 멕시코 시티의 월드트레이드 센터 전경.

시키고, 공기업 민영화를 추진하며, 대대적인 금융산업 재편을 주도하면서 혹독한 구조조정을 실시했다. 그 때마다 국민과 의회를 상대로 힘든 설득작업을 펴야 했지만 결코 개혁노선의 일관성을 잃지 않았다. 이른바 '공룡'으로 불리는 당내 수구세력은 그가 정치감각이 없어서 인기없는 정책으로 일관하고 있다고 비난했다.

세디요의 개혁 덕분에 지난해 말 여야 정권교체 이후에도 아직 위기는 일어나지 않고 있다. 오히려 경제성장률은 지난해 7%까지 치솟고, 인플레도 한 자리 수에 머물렀다. 지난 94년의 경우 국내총생산(GDP)의 7.5%까지 늘어났던 경상수지 적자폭도 지난해에 조금

불어나긴 했지만 2.9% 수준에 그쳤다. 멕시코 국민은 거의 30년만에 정권교체기의 경제안정을 맛보고 있는 것이다.

루이스 루비오 경제개발연구소장은, "세디요는 94년 콜로시오 후보가 암살당한 뒤 졸지에 대통령 후보가 되었기 때문에 기존 정치인들에게 진 빚이 별로 없어 과감하게 정치 민주화를 추진할 수 있었다"고 분석했다.

멕시코에서 분명한 것은 개혁과 인기가 같은 시기에 양립하기는 어렵다는 점이다. 세디요가 전임자들과 달랐던 것은 소신있는 개혁노력으로 장기적 안정을 물려줄 것인지, 아니면 인기에 연연하며 무리한 경기부양을 시도하다가 위기의 악순환을 남길 것인지 둘 중에서 전자를 택했던 일이다.

폭스 대통령의 국정 스타일

2000년 12월 1일 취임한 비센테 폭스 대통령은 코카콜라 멕시코 사장을 역임한 기업인 출신이다. 기업경영 마인드를 가진 폭스 대통령이 난제가 산적한 멕시코를 과연 어떻게 경영해갈지 세계가 주목하고 있다.

추측했던 대로 그는 상당수의 기업인을 새 정부에 참여시켰다. 최고 요직인 재무장관에 전화회사 아반텔을 경영하던 프란시스코 힐을 기용한 것을 비롯해 에너지·관광·교통통신·노동장관에 유리제조업·가정용비품제조업·전화업계에 있던 경영인들을 등용시켰다. 멕시코 제1기업인 멕시코석유공사 사장에도 36년간 듀퐁 멕시코사에서 잔뼈가 굵은 라울 무뇨스 사장을 앉혔다.

여당이 의회에서 다수를 확보하지 못한 상태에서 정치경험이 부족한 이들 장관들이 과연 잘 할 수 있을지 의문이 제기되기도 하지만, 폭스 대통령의 인사방침이 주는 메시지는 분명하다. 정부를 기업처럼 경영하라는 것이다.

군살을 빼고, 행정규제를 없애고, 부족한 산업 인프라를 위해 민간투자를 유치하는 임무가 이들에게 떨어져 있다. 또 폭스 대통령은 노동법을 고쳐 기업들이 시장여건에 따라 마음대로 고용인력을 증감 조정할 수 있도록 할 계획이어서 귀추가 주목된다.

멕시코의 20세기는 혁명으로 시작된 시대였다. 1910년 멕시코 혁명은 20세기 최초의 사회혁명으로 기록되었고, 지식층과 노동자·농민이 주인이 되고자 했다. 기업인들은 개인주의의 산물이라는 비난을 받아 혁명유산을 계승한 국가혁명당(PNR : 제도혁명당의 전신)이 1929년 창당될 때

▶ 코카콜라 회사 지사장 출신인 비센데 폭스 대통령.

낄 수 없었다. 외국자본도 민족주의 대의명분 하에 축출되었다.

혁명의 패배자로 여겨졌던 기업인들과 교회세력은 그래서 1940년 국민행동당(PAN)으로 만들어 뭉쳤다. 국가주도 경제의 파탄을 여러번 경험한 멕시코는 이제 기업인들과 외국자본을 전면에 내세운 모습으로 21세기를 시작하고 있다. 영원한 혁명을 내세웠던 멕시코 혁명은 막을 내린 듯하다.

인터뷰 | 집권당 간부 카를로스 살라사르 디에스 데 솔라노 |

창당 60년만에 처음 집권한 국민행동당(PAN)의 카를로스 살라사르 디에스 데 솔라노(33) 국제국장은 지난 98년 로마대에서 정치학 박사학위를 취득후 귀국, 정치활동에 투신한 신세대 정치인이다. 이탈리아 유학중 이탈리아 국민당과 이탈리아 기민당에서 정치활동을 시작했다.

- 71년만의 첫 정권교체를 실현한 PAN의 포부는 무엇인가?

"교육개선·실업·치안유지 등 할 일이 너무 많다. 우선 정부 안팎에 만연된 권력집중과 공직부패를 뿌리뽑아야 한다."

- 부패척결 방법을 갖고 있는가?

"부패·권력남용·임의조치 등은 정부에 대한 불신을 낳고, 정부기능을 마비시킬 수 있다. 대통령은 부패척결에 우선순위를 두어 정부회계의 투명성을 높이도록 지시했다. 내무부로부터 기능을 분리해 공안부를 신설, 공직부패와 사회범죄를 전담시켰다."

- 경제위기 재발을 막기 위해 시급한 일은 무엇인가?

"정부재정이 건전하게 운용돼야 한다. 공공지출이 늘어나도 필요재원은 세원확충으로 해결하고, 과거처럼 복지정책이나 선거용 선심 재정은 삼갈 것이다. 또 멕시코식 정실자본주의(crony capitalism)를 근절시켜야 한다."

- 대통령이 기업인 출신이고 신정부에 기업인 장관이 많은데, 이는 정실주의가 아닌가?

"멕시코에는 두 종류의 기업인 집단이 있다. 하나는 인맥을 통해 제도혁명당(PRI) 정부와 결탁해 장기간 독점체제를 유지해온 집단이고, 다른 하나는 자수성가형 기업인 집단으로 중소기업군을 형성한다고 말할 수 있다. 신정부 인사들은 둘째형에 속한다."

- 대기업이 해를 입지 않겠는가?

"우리의 목표는 지역간·기업간·가계간의 균형 달성이지 특정기업에 해를 입히려는 것이 아니다."

- 정실자본주의를 근절시킬 정책수단은 있는가?

"기본적으로 경제적 자유를 확대하기 위해 창업을 자유화하고, 투자 및 소유, 자본형성 관련 법규를 단순화시켜야 한다."

- 정실자본주의를 퇴치할 다른 수단이 있는가?

"독점사업들을 경쟁체제로 전환시켜야 한다. 독점사업들은 소비자들에게 부당하게 높은 가격을 부과했을 뿐만 아니라, 정치자금을 만드는 기계 구실을 해왔다."

세계경제 조류와 멕시코 경제

멕시코시티를 방문하는 사람들은 거리에 넘쳐나는 새차 행렬에 놀라움을 감추지 못한다.

독일 엔진을 장착한 BMW 승용차가 지난 한 해에만 멕시코에서 4천대나 팔려나갔다. 경제위기의 대명사처럼 인식되어온 이미지와는 딴판의 모습이다.

시내 중심가 골목을 메운 노점상이나 거리에서 구걸하는 어린이를 만날 때면 이 나라의 심한 빈부격차를 실감하게 되지만, 멕시코시티에 넘쳐나는 활기는 분명 현실이다. 일류 호텔들은 미국과 유럽, 아시아 각지에서 몰려드는 사업가로 늘 북적댄다.

멕시코시티 서쪽 공업도시인 톨루카로 통하는 산타페 지역은 최근 6~7년 천지개벽한 모습이다. 전기·통신·금융·자동차 등 각 분야의 다국적 기업과 은행·대사관 사무실들이 속속 입주하고 있고, 대형건물들이 곳곳에 신축 중이다.

인근에는 '보스케 데 로마스'라고 불리는 부자 마을도 생겨나고, '시어즈'나 '팔라시오 데 이에로'같은 국내외 백화점 체인들이 가득 찬 초대형 쇼핑센터가 들어섰다.

이런 비즈니스 활기는 어디에서 생겨난 것일까.

3천 500여 ㎞나 되는 미국과의 국경은 오랫동안 '아메리칸 드림'

을 실현하고자 하는 가난한 멕시코인들에게 넘어야 할 생과 사의 갈림길이었다. 멕시코 땅 절반을 빼앗은 미국을 증오의 대상으로 여겨오면서도 그들의 부를 동경할 수밖에 없었던 멕시코인들.

인구가 1억에 육박하고, 날로 불어나는 노동인구에게 일자리를 만들어 주어야 하는 마당에 미국은 인력수출시장으로서 해답이 되기도 했다.

언론인 안토니오 가르사는 "미국은 멕시코에 비상 안전장치 역할을 해왔다. 남아도는 노동력을 미국으로 빼내고, 경제파탄이 오면 미국의 지원을 받았다"고 말한다. 세계 최대의 경제대국인 미국이란 존재를 빼놓고 경제정책을 입안할 수 없는 것이 멕시코의 현실이다.

멕시코의 수출산업 유치는 조립가공업에서 출발했다. 외국에서 원·부자재를 들여와 국내의 인력과 부품을 투입, 조립한 뒤 미국 등지에 수출한 것이다. '마킬라도라' 산업이라고 불리는 이 산업에 처음엔 미국회사들이 진출했고, 나중에는 미국시장을 노린 한국과 일본 등 세계 각국의 거대 기업들이 들어왔다.

외국인 투자가 늘어나면서 일자리가 생겨났고, 고급기술이 들어왔고, 미국시장 판로가 개척되기 시작했다.

여기서 힌트를 얻어 멕시코의 무역판도를 바꾸어놓은 인물은 88년 12월 취임한 살리나스 대통령이다. 그는 90년 6월 워싱턴으로 날아가 조지 부시 대통령에게 미국과의 자유무역을 제의한 뒤 이를 일사천리로 밀어붙였다.

미국 국제전략연구소의 시드니 웨인트로브 박사는 "자유무역정책을 펴려면 잃는 것과 얻는 것이 있게 마련이다. 따라서 분명한 국가발전 전략을 세우고 득실을 받아들여야 한다"고 충고한다.

북미자유무역협정(NAFTA) 발효 후 미국으로부터의 수입도 늘었지만 대미수출은 연 18%씩 폭증했다. 멕시코는 98년 9월부터 일본을 제치고 캐나다에 이어 대미 최대 수출국의 지위에 올랐다. 대미 무역적자는 흑자로 바뀌었다. 투자가 늘어나면서 미국·아시아간의 섬유·자동차 교역이 상당 부분 미국·멕시코간 교역으로 돌아섰다. 멕시코 상품의 미국 수입시장 점유율은 93년 6.9%에서 99년 10.8%까지 뛰어올랐다.

▶ 최근 멕시코 부흥을 상징하는 멕시코시티 근교 산타페 신도시. 세계 유수의 다국적기업과 금융기관들이 몰려 있다.

NAFTA 후 멕시코 경제는 호황을 누리게 되었다. 97년 아시아 위기에 이어 98년 러시아와 브라질이 차례로 금융위기를 겪었지만, 멕시코는 유유히 5~7%의 고성장 행진을 계속했다. 물론 미국이 장기호황을 누렸기 때문이다.

레온 벤데스키 정치경제연구원장은 "멕시코 무역의 80% 이상이

미국시장에 의존해, 멕시코 경기는 미국경기에 따라 변할 수 있다. 앞으로 무역다변화를 이루지 못하면, 미국 경기가 하강국면을 탈 때 타격이 클 것"이라고 우려한다.

멕시코는 지난 해에는 유럽연합(EU)과 자유무역협정을 체결했고, 최근 일본·싱가포르 등 아시아 국가들을 상대로 자유무역 확대를 검토하고 있다. 미국 이외의 국가들과는 아직도 무역적자가 크기 때문이다.

자유무역을 통해 정치도 성숙해져갔다. 역대 정부는 정치적 이해 때문에 이전 정부의 정책을 송두리째 부인하곤 했다.

이시드로 모랄레스 아메리카스대 교수(정치학)는 "NAFTA를 체결하지 않았더라면 아마 멕시코는 언제든지 시장개혁을 원점으로 돌이키고 싶은 유혹에 빠졌을 것이다. NAFTA는 자의적인 경제정책을 펴지 못하도록 얽어매는 구실을 담당했다"고 분석한다.

급변하는 국제경제 정세 속에서 멕시코가 일찍이 적극적인 자유무역정책을 펴 NAFTA를 추진하지 않았더라면 오늘날과 같은 세계 8위의 수출대국 멕시코는 없었을 것이고, 오늘날 멕시코가 안고 있는 문제는 더 심각했을 것이다.

그렇지만 NAFTA에도 불구하고 멕시코의 고질들, 즉 고급인력 부족, 지역간·소득계층간·업종간 불균형은 해소되지 않고 있다. 멕시코는 아직도 가야 할 길이 멀다.

살리나스 전 대통령의 자서전 논란

멕시코 서점가에서는 최근 부쩍 정치 관련 서적이 눈에 많이 띈다.『마지막 제도혁명당 정부』『예정되었던 멕시코 위기』『멕시코의 통치능력』등.

대부분 71년간의 1당통치가 무너지고 정치판이 천지개벽하자 때를 만난 정치 저술가들이 기다렸다는 듯이 서둘러 펴낸 책들이다.

이 가운데 주목할 만한 책이『멕시코 : 근대화를 향한 어려운 발걸음』이다. 카를로스 살리나스 데 고르타리 전 대통령이 망명지 아일랜드에서 자신의 임기중 업적과 지난 94년 위기에 대한 견해를 밝힌 책이다.

서론에서 저자는 "88년부터 94년까지 내가 추진한 개혁을 지지해준 국민과 외국 인사들을 위해 이 책을 쓴다. 나는 재임 시절 국정을 국민에게 보고할 헌법상의 의무를 다했고, 지금은 전 대통령으로서 나와 내 정부의 결정에 대해 설명할 도덕적 의무를 다하려 한다"고 저술 취지를 달았다.

초점은 살리나스의 이임 3주만에 터진 멕시코 금융위기의 책임문제다. 살리나스는 세디요 정부가 평가절하 발표 이전 미리 정보를 새나가게 해 광란의 외화유출을 부추겼다며 후임 정부의 미숙한 정책운영에 책임을 떠넘겼다.

그러나 살리나스가 자신의 업적에 흠집을 내기 싫어서 진작 했어야 할 점진적인 평가절하를 하지 않았기 때문에 위기가 발생했다는 것이 그간의 '공식' 평가였다. 이 책은 이른바 '12월 책임설'과 '11월 책임설' 공방을 되살렸을 뿐이다.

중등학교 영어교사 아르투로 로메로씨는 "살리나스의 개혁노선이 옳았다고 믿는 사람은 아직도 많다"면서 "하지만 이 책에서는 자신이 한 일은 모두 옳았고, 세디요는 모두 잘못했다는 식으로 쓰여서 문제"라고 지적했다.

살리나스는 이 책의 출판기념회를 갖기 위해 지난해 말 귀국해 화제를 모았다.

정치암살 사건에 연루돼 투옥된 동생 라울을 풀어줄 것을 요구하며 단식투쟁을 벌이다가 자신의 신변마저 위협을 느껴 고국을 등진 살리나스가 돌아온 것은 세계적인 화제거리였다.

이틀간 그는 1천여권의 책에 사인을 했다. 이것도 많은 편이어서 스페인 바르셀로나에서 가진 앞선 기념회에서는 기자와 출판사 보관용을 포함해 모두 4권에 사인했을 뿐이었다.

최근 일본으로 망명한 알베르토 후지모리 전 페루 대통령도 자신의 임기중 업적에 대해 집필할 계획을 밝힌 바 있다. 그의 출판기념회 소식도 기다려볼 일이다.

인터뷰 | 국제상공회의소 간부 에시카 곤살레스 |

국제상공회의소(ICC) 멕시코지부는 멕시코 경영자총연합회(COPARMEX)의 국제 관련 업무를 전담하고 있는 곳이다. 에시카 곤살레스(30) 기획실장은 멕시코의 아메리카스대학교에서 국제경제학 석사학위를 취득했으며, ICC에서 국제화시대의 정부-기업 관계 업무를 맡고 있다.

― 멕시코의 기업인들은 과거 경제위기시 어떻게 대응했나?

"멕시코의 경제위기는 칠레나 한국처럼 기업들의 부채 때문에 생긴 것이 아니라 주로 재정적자나 경상적자 때문이었다. 이 과정에서 많은 기업이 도산하고 인력감축을 할 수밖에 없었다."

― 위기를 겪는 동안 정부와의 관계는?

"70~80년대에 멕시코 정부는 노사관계에 깊숙이 개입하여 노동자들에게 유리한 조정을 업계에 강요한 일이 많았다. 이에 불만을 품게 된 기업인들은 정부를 불신하고, 국내투자자금을 해외투자로 전환함으로써 멕시코의 산업생산이 줄어드는 악순환을 빚었다."

― '해외투자'란 해외도피를 말하는가?

"수익을 추구한 투자나 불안상황을 피하기 위한 도피 모두를 포함한다."

― 기업인들의 불만은 언제까지 계속되었나?

"세디요 대통령 취임 직후 금융위기를 겪으며 정부가 기업들을 바라보는 시각이 달라진 것같다. 정부는 기업인들의 요구와 애로사항에 전적으로 귀를 기울이기 시작했다. 특히 북미자유무역협정(NAFTA) 발효 후 상공부는 기업인들과 긴밀한 협의를 갖게 되었고, 국제경쟁력 제고를 위한 일이라면 솔선수범하여 기업인들의 이해를 대변하게 되었다."

― 현재 새 정부의 대통령은 기업인 출신인데…

"특히 기업인 출신 장관중에 전 경영총연합회장을 지낸 카를로스 아바스칼이 노동장관이 되어 이른바 '신노동문화'를 정착시키려 애쓰고 있다."

― '신노동문화'란 무엇인가?

"정부는 과거처럼 노사관계에 개입하지 않는다는 원칙이다. 지금까지 노동계는 노사협상에서 항상 정부의 지원을 은근히 기대해 왔고, 정부는 정치적인 이유로 이를 저버릴 수 없었다."

― 정부가 왜 이런 입장을 취하게 되었나?

"위기를 여러번 겪으면서 정부가 노사관계에 개입해서는 안된다는 교훈을 얻은 것같다. 이런 과정을 통해 기업인들은 정부를 믿게 되었고, 정부가 국가이익을 위해 추진하는 일에 동참하게 되었다. 예컨대, NAFTA로 인해 미국과의 경쟁에 그대로 노출되어 험난한 구조조정을 치러야 하는 업계도 많지만, 정부의 정책방향에 동참하고 있는 것은 바로 이같은 상호신뢰에 근거한 것이다."

멕시코 정부 개혁의 허실

멕시코시티의 가장 번화한 중앙거리 이름은 '레포르마(개혁)로'다. 멕시코시에서 가장 많이 팔리는 신문도 몇 년전 창간된 「레포르마」다. 멕시코에서 '개혁'이라는 말이 얼마나 많이 사용되는가를 보여주고 있다. 경제위기가 주기적으로 반복되면서 '경제개혁' 또는 '국가개혁'이라는 낱말이 일상용어가 되어버린 것이다.

그러나 '과연 개혁이 무엇을 지칭하느냐'고 일반 시민에게 물으면 대답은 제각각이다.

국가적 차원의 무역자유화나 공기업 민영화, 정치개혁같은 것을 들먹이는 사람은 만나기 어렵다. 오히려 '부정부패 추방' '치안 확립' '기초교육 개선' '생활수준 향상' '일자리 만들기' 등 생활주변의 문제들을 거론하는 이가 대부분이다.

택시운전사 아르투로 산토스는 "개혁을 하겠다는 말을 귀가 따갑게 들어왔지만, 서민의 생활이 결코 나아지지 않아서 무엇을 위한 개혁인지 일반인들은 알 턱이 없다"고 말한다.

대학 졸업후 무역상을 차린 하이메 알라니스는 "위기가 여러번 반복되는 동안 정부에 대한 불신은 체념 수준까지 이르러 아무도 정부의 개혁정책을 믿지 않게 되었다"고 말한다. 사실 그간의 시장개혁은 커다란 사회적 희생과 불평등을 초래했다.

멕시코 통계청에 따르면, 1984~94년 10년간의 개혁을 통해 저소득층 40%가 차지하는 총소득은 전체의 14.4%에서 12.7%로 줄고, 중산층 30%의 소득도 24.4%에서 21.7%로 줄어든 반면, 상류층 30%의 소득은 61.3%에서 65.6%로 늘어났다.

특히 최고소득층 10%의 소득은 32.4%에서 38.2%로 확대되었다. 빈부격차가 오히려 개혁과정에서 더 벌어졌다. 또 문맹율 10%, 초등교육 미이수자 20%, 중등교육 미이수자 28%라는 통계가 말해주듯 멕시코의 국민교육 평준화는 아득하기만 하다.

▶ 멕시코시티 서부 부촌인 보스케 데라스 로마스.
 빈부 격차를 줄이는 것이 개혁의 국가적 목표이다.

국민이 개혁을 불신할 때, 과거 멕시코의 통치자들은 선별적인 선심정책으로 문제를 풀려고 했다. 전화회사를 비롯해 은행·광산 등 굵직한 공기업들을 한창 민영화하던 1991~92년, 멕시코 정부는 매각수입으로 돈이 풍부해졌다.

당시 카를로스 살리나스 데 고르타리 대통령은 그 수입의 상당부분을 이른바 '국민단결사업'이란 미명 하의 빈민구호정책에 썼다. 그러나 이는 그의 정치적 인기가 취약한 지역의 주민을 상대로 한 분배정책으로 일관했다.

알레한드로 알바레스 멕시코 국립대 교수(경제학)는 "개혁과정에서 공적자금의 운영은 개혁의 성패를 좌우한다. 자금 사용의 투명성과 공정성, 공직자들의 투철한 직업정신이 없다면 개혁은 실패로 끝난다"고 지적했다.

또 살리나스는 노조가 구조조정에 순응하도록 하는 이른바 '신노동운동'을 도출해내는데 성공했지만, 연례 노사정농 협약을 운영하면서 스스로 모순에 빠지고 말았다. 본래 인플레를 잡으려는 목적으로 체결된 노사정농 협약은 노동자의 최저임금 수준에 영향을 미칠 수 있는 세율, 수입관세율, 환율을 포함한 수많은 경제변수마저 인위적으로 조정하는 결과를 낳았다.

시장원칙을 무시하는 이런 모순은 결국 페소화의 고평가를 부추겼고, 경상수지 적자와 궁극적으로 94년 외환위기 재발을 잉태한 셈이 되고 말았다.

사회학자 미겔 앙헬은 멕시코가 시장경제 개혁이 제시하는 화려한 약속들을 아직까지 달성하지 못한 이유를 법치국가로서 불완전한 사회이기 때문이라고 분석한다.

그는 "멕시코 사회에서는 위기가 닥치면 언제나 임기응변이 앞서고, 특권과 법망 회피를 제공하는 인맥이 형성되며, 이를 유지하는 중개인들이 있다. 이들은 공무원·정치인, 심지어 대통령 자신인 경우도 있었다. 임기응변·부정부패·정실주의같은 악덕들이 치유되지 않는 한 정치·경제·사회제도의 발전은 불가능하다"고 분석했다.

멕시코가 개혁과정에서도 위기를 반복하게 되었던 배경은 해묵은 포퓰리즘과 정실주의 관행이 그대로 남아 있어서 시장개혁의 원칙들이 일관되게 지켜지지 않았기 때문이라는 설명이다.

이런 사회질서 속에서 개혁 방향에 대한 국민의 신뢰가 자라날 리 만무했다.

1990년 노벨문학상을 수상한 멕시코의 지성 옥타비오 파스는 "가면을 쓴 듯, 진짜 얼굴인 듯 영원한 모순에 빠져 있는 것이 멕시코의 특질"이라고 서술했다.

▶ 멕시코노동자연맹 총재를 역임한 노동운동지도자 피델 벨라스케스 동상.
건너편에 20세기 최초의 사회혁명으로 꼽히는 멕시코혁명 기념관이 보인다.

오늘의 멕시코는 공명선거와 71년만의 정권교체를 통해 정치발전을 이루고, 미국과의 시장통합을 발전전략의 발판으로 삼는 새 모습으로 거듭나고 있다.

기업경영 정신을 앞세우고 출발한 비센테 폭스 새 정부가 과거 시행착오를 교훈삼아 정치·사회·문화적 병폐를 어떻게 '레포르마'하느냐에 멕시코의 미래가 달려 있다.

정권 말기의 보너스 파티

2000년 말 에르네스토 세디요 행정부는 정권인계를 준비하다 말고 갑자기 불거진 공무원들의 특별 보너스 문제로 골치를 앓았다. 이른바 '이임 보너스 사건.'

이같은 관행은 지난 82년 말부터 시작됐다. 당시 이임하는 로페스 포르티요 대통령은 외채위기가 닥친 상황에서도 막대한 자금을 공무원들에게 특별 보너스로 나눠줬다.

재임기간에 멕시코가 석유붐을 탔고, 오일머니가 풍부해지면서 정부 재정은 흥청망청 운영되고, 그 자신도 막대한 재산을 챙긴 것이 공공연한 비밀이었기 때문이었다.

'이임 보너스'는 그후 행정부가 바뀌는 6년마다 되풀이되었는데, 정확한 지급액수는 알 수 없다. 경제위기가 행정부 교체 때마다 반복된 점을 되새겨 볼 때, 공공연한 이런 공직자들의 '마지막 챙기기'가 위기재발과 밀접한 연관성이 있을 것으로 추정된다.

직업공무원제도가 허술한 상황에서 정부교체기마다 자리를 걱정해야 하는 멕시코 공직자들에게 '이임 보너스'는 위안 이상의 것으로 여겨져 왔을 수도 있다.

그런데 세디요 대통령이 이 관행을 거부한 것이다. 그는 99년 의회를 통과한 2000년 예산안이 이임 보너스를 금지시켰음을 상기시키며 정부재정의 투명성 원칙을 지켜야 한다고 주장한 것이었다.

그러자 160만 공무원의 상당수를 회원으로 거느리고 있는 공무원노조연합(FSTSE)이 정권 인수인계를 한달 앞두고 이틀간의 파업에 돌입했다.

71년만에 정권을 내주게 된 '레임 덕' 대통령과 더 이상 충성의 의미를 상실한 공무원노련이 정면충돌한 것이다. 공무원노련은 가두시위를 벌이고, 멕시코시티로 진입하는 길목을 봉쇄했다.

완강한 세디요도 이같은 공무원들의 반발에 결국 굴복하고 말았다. 정부는 공무원노련과 5일간 협상을 통해 '연말보상금'이라는 명목으로 과거와는 다른 제한된 보너스를 지급하기로 했다.

발표된 규모는 각 노조원들에게 1,600페소(미화 약 174달러)를 새 정부가 취임하기 전에 지급한다는 것이었다. 공식적으로 2억 달러에 가까운 거금이 이임 보너스로 지출됐다.

아이로닉한 것은 당시 집권당인 제도혁명당(PRI)과 제2야당인 멕시코혁명당(PRD) 소속 상원의원들이 세디요 대통령에게 이임 보너스 지급을 촉구하는 결의안을 통과시킨 점이다. 이들중 상당수는 예산안 심의 당시 이임 보너스 지급을 금지시키는 데 앞장섰던 사람들이었다.

예산안 심의 당시에는 PRI 정부였는데, 이제는 국민행동당(PAN) 정권의 출범을 목전에 둔 것이었다. 정권을 잃게 된 PRI 소속 의원들이 재정부담을 PAN측에 떠넘기고 노조로부터 인기를 얻는 편이 낫다고 생각한 탓이었을까.

인터뷰 | 노동자연맹 총재 레오나르도 로드리게스 알카이네 |

레오나르도 로드리게스 알카이네(82) 멕시코노동자연맹(CTM) 총재는 1938년 멕시코 전기노조에 가입한 이래 평생을 노동운동에 투신한 인물로 지난 97년 사망한 피델 벨라스케스의 뒤를 이어 멕시코 최대 노총인 CTM을 이끌고 있다. CTM에 뿌리를 둔 제도혁명당(PRI) 소속으로 3선 하원의원과 상원의원을 역임했다. 그의 책상 옆 벽의 국민행동당(PAN) 소속인 비센테 폭스 대통령의 초상화가 눈길을 끌었다.

– 구조조정과정에서 CTM은 어떤 입장을 취했는가?

"멕시코의 최저임금은 80년대 이래 지금까지 줄곧 하강세이고, 지난 94년부터 지금까지만도 30% 가량 떨어졌다. 우리는 정부의 구조조정이나 개방정책에 원칙적 지지를 보내는 대신, 노동자 감원 최소화나 최저임금 인상과 같은 대가를 받아내기 위해 협상해 왔다."

– 노동운동의 전략이 바뀐 것인가?

"세계경제질서가 바뀌고 있다는 데에 우리는 서서히 공감하기 시작했고,

이에 적응할 수 있는 철학이 필요했다. 우리는 이를 노동운동의 근대화라고 부른다. 미국·캐나다와의 자유무역이 가져올 부정적 효과를 걱정하면서도 투자증대·고용증대·임금향상·구매력 회복 효과에 믿음을 갖게 된 것이다."

- 노사정농 협약에는 어떤 입장으로 참여했는가?
"지난 87년 소비자물가상승률이 160%에까지 달해 멕시코 경제가 위기에 직면했을 때 우리는 대화와 타협의 중요성을 깨달아 협약에 참여하기 시작했다. 당시에는 경제정책의 많은 부분을 합의할 수 있었는데, 94년 위기 이후에는 협의폭이 좁아져 최저임금 수준 정도에 대한 협의만 이뤄지고 있다."

- 공기업 민영화 문제에 대해서는 어떻게 보는가?
"멕시코의 수많은 공기업이 민영화되었다. 우리는 민간자본이 이미 참여하고 있었던 통신·전기 등 상업성 공기업의 민영화에는 반대하지 않는다. 다만 사회보장·주택·최저임금 등을 관장하는 사회부문 공기업과, 헌법상 석유자원이 국가유산으로 보장된 만큼 멕시코석유공사(PEMEX)의 민영화에는 반대한다."

- 그간 멕시코 노조는 관변적 성격이 강했고, CTM도 PRI에 소속되어 있는데, 정권이 바뀐 상황에서 어떻게 적응해 나갈 것인가?
"우리는 이미 PRI와의 역사적 유대를 새정부와 가질 것을 선언한 바 있다. PRI가 대선에서 진 것은 애석한 일이지만, 어느 당이 집권당이 되든 우리는 최대 노총으로서 노동자들의 이익 대변을 위해 신정부와 대화할 것이다."

- 기업인 출신 대통령이 이끄는 신정부가 CTM이 반대하는 공기업 민영화를 추진한다면…

"북미자유무역협정(NAFTA)를 받아들일 때도 마찬가지였지만, 우리의 마지노선은 헌법과 노동법이 존중되고, 우리의 권익이 보호되어야 한다는 것이다. 우리는 대화에 모든 기대를 걸고 있다."

> 에필로그

한국병 치료의 반면교사

1

아르헨티나 페루, 칠레를 비롯한 남미 각국은 90년대부터 대부분 자유주의 시장경제를 지향해 왔으나 경제가 성장할수록 실업자는 늘고, 빈곤층도 확산되는 기현상이 나타나 성장론자들을 당혹스럽게 만들고 있다.

유엔의 중남미경제위원회(ECLAC)가 펴낸 『1999~2000 중남미사회보고서』는 "중남미 각국에서 자유주의 시장경제 논리에 따라 경제가 성장하면 성장할수록 고용불안이 점차 가속화되고, 빈부격차도 커지고 있다"고 지적했다.

중남미 인구의 45%에 해당하는 2억 2천만 명이 빈곤선 이하의 극빈층을 형성하고 있는데, 이것은 80년대보다 25% 이상 증가한 수치라는 게 ECLAC의 분석이다.

경제가 성장해도 극빈층이 늘어나는 것은 경제성장의 수혜층이 극소수에 한정되기 때문이다. 중남미 국가의 전체 노동자 가운데 고소득을 누리는 상위 그룹은 약 9%에 불과하며, 중위계층은 14%, 하위계층은 약 75%를 차지한다.

상위 그룹은 대학원 이상의 교육을 받고 외국에서 학위를 받은 인사들이 주축을 이루고 있는데, 대개 고용주이거나 경영인, 공사기업의 고위직 인사로 구성되어 있다. 이들의 소득은 중하위 그룹과 상당한 격차를 보이고 있는데, 평균소득이 빈곤선의 13.7배에 달한다.

반면 중위계급은 고졸 및 대졸자로 무역업, 행정직에 종사하는 사람들로 평균소득은 빈곤선의 5배로 추정된다.

하층 75%는 소매업, 수공업자, 운전기사, 농부 등으로 평균소득은 빈곤선의 3.5배 수준이다. 하층 노동자 그룹의 교육수준은 평균 6년으로 초등교육을 마친 사람들이 대부분이다. 하층 가운데 교육수준이 3년 안팎인 최하층 사람들은 빈곤선의 약 2배 내지는 빈곤선 안팎 수준의 월급을 받는 사람들이다.

예컨대 페루의 국회의원은 월 7천 달러를 받는데, 일반 노동자들은 한달에 1백 달러도 벌지 못하는 수준이 남미에서는 자연스런 현상으로 받아들여지고 있는 것이다.

중남미의 이같은 소득분포는 소수의 부유층과 대다수의 극빈층을 양산, 중산층이 형성되기 어려운 조건을 만들고 있다.

미국의 중남미연구센터 역할을 하고 있는 뉴욕 컬럼비아대 라틴아메리카 이베리아연구소도 같은 견해를 제시하고 있다.

이 연구소에서 발간된 『남미에서의 성장과 빈곤, 불평등』(1999)에 따르면, 남미 각국의 경제성장이 진전되면 될수록 사회불평등과 빈부격차는 더욱 커지고 빈곤층은 확산되고 있다. 성장이 일자리 확대로 이어지지 않으며, 일자리가 늘어난다고 해도 고용안정성은 기대할 수 없다는 것이다.

특히 아르헨티나의 경우 경제가 성장해도 실업률은 늘어나고 빈곤층도 확대되는 기현상이 벌어지고 있다. 90년대 7%의 고속성장을 했음에도 불구하고 실업률은 90년 6.3%에서 95년 18.4%로 늘어났다. 빈곤층도 확산되어 인구의 36%에 해당하는 1천 3백만 명이 빈곤선 이하의 극빈층을 형성하고 있다.

중남미의 이같은 기현상은 경제성장이 소수를 위한 것인데다 경제성장에 따른 교육기회의 확산이나 사회복지 강화가 이뤄지지 않기 때문인 것으로 드러났다. 또한 정치계의 만성적 부패와 각국 정부의 정책 실패로 인해 이같은 현상은 더욱 증폭되고 있다.

아르헨티나의 경우, 메넴 정부 때 국영기업 등을 무차별하게 해외에 매각한 뒤 외국자본의 입김이 강해지면서 정부의 사회적 역할은 점점 축소됐고, 시장의 입맛에 따라 노동정책이 결정되면서 대량감원과 고용불안정, 빈곤층 확산 등이 전면화했다. 페루 후지모리 정부 때도 마찬가지다.

이런 이유로 유엔 『중남미경제보고서』는 국가의 역할이 중요하다고 지적한다. 시장에 모든 것을 맡겨버릴 경우 경제혼란은 물론, 빈부격차, 실업, 사회불안이 확산되기 때문에 정부가 조정기능을 담당해야 한다는 것이다.

남미 각국에서 80, 90년대 추진된 자유주의 시장경제가 이처럼 국가의 조정능력 부재로 대부분 실패하게 되자 동아시아 모델에 대한 관심이 역으로 높아지는 움직임도 일어났다.

한국이나 대만, 싱가포르, 홍콩 등 아시아의 4마리 용은 정부의 강력한 조정과 지배 덕분에 경제성장이 빈곤퇴치와 계층간 소득재분배로 이어졌기 때문이다. 또한 동아시아 지역의 교육에 대한 투자는 상당히 높아 사회 불평등과 빈곤을 몰아내는데 기여를 한 것으로 평가되고 있다.

그러나 동아시아에 대한 관심도 97년 태국에서 시작, 한국 등지로 번져나간 연쇄적 외환위기로 인해 시들해진 게 2000년대 초반의 상황이다. 이에 따라 남미 전문가들은 동아시아 모델이 남미의 대안이라고 보지 않으면서도 동아시아 국가들이 견지해온 국가의 조정능력은 필요하다고 지적하고 있다.

뉴욕 라틴아메리카 이베리아 연구소의 윌리엄 스미스 연구원은 "새천년의 21세기를 맞은 상황에서 볼 때 세계화는 대세이며 라틴아메리카에서 시장경제 이외에 대안은 없다"고 지적하면서도 "시장의 야만성을 억제하고 빈곤층을 위한 사회안전망을 갖추기 위해 정부의 현명한 역할이 어느 때보다도 중요하다"고 지적했다.

2

지구 반대편에 위치한 아르헨티나와 칠레, 페루, 브라질, 베네수엘라, 그리고 멕시코에서 만난 각계각층 인사들이 진단한 남미병의 기본증상은 빈부격차와 부정부패, 정치경제 지도층의 무능과 집단 이기주의로 요약된다.

아르헨티나의 경우 애국심없는 정치경제 엘리트들이 나라를 망치고 있으며, 브라질의 경우 개혁 주도세력의 부재로 국가가 만성적인 위기상태에 빠져 있다.

페루의 경우 '반복적으로 출현하는 포퓰리스트 지도자'(리마대 발터 올리바 교수) 때문에 정치권의 혼란과 부정부패는 극심해지고 있다.

베네수엘라의 차베스도 지향성이 불분명한 포퓰리스트 지도자라는 점에서 위험성은 마찬가지다.

칠레는 피노체트 시대 경제성장을 이뤄낸 것은 사실이지만, 군부독재가 남긴 상처를 극복하지 못하고 있으며, 개혁은 군부 보수층에 포위되어 있는 상태다. 아르헨티나나 페루보다 부정부패가 없다는 면에서 칠레 상황은 한결 나은 편이지만, 개발독재시대의 관행에서 탈피하지 못해 잠재적 위기에 노출되어 있는 것이다.

남미라기보다는 남미와 북미를 연결짓는 중남미의 대국 멕시코는 유일하게 신자유주의 흐름을 타고 경제가 상승곡선을 그리고 있다.

우리나라의 경우 역사적 경험이나 경제발전 수준이 남미와 다르지만 현상적으로 나타나는 징후는 너무도 유사하다. 역사적 체험이나 지리적 간극을 떠나 인류보편적 관점에서 볼 때 아르헨티나나 페루, 칠레가 안고 있는 문제는 바로 그대로 우리나라의 문제로 치환된다.

남미 증후군은 경제위기와 개혁 지체의 바람을 타고 독버섯처럼 번지고 있다. 장기적인 비전과 전략을 갖기보다 대중의 인기에 영합하려는 정치지도층, 집단이기주의에 빠져있는 각 이익집단들의 집단행동 속에서 개혁은 지연되고 있으며, 경제를 발목잡는 부정부패는 말단 교통경찰관에서 국가 최고위층에 이르기까지 일상생활처럼 만연되어 있다.

우리 사회의 남미증후군은 ▲사회 전반에 만연된 부정부패 ▲취약한 정당구조에 따른 지도자의 인치(人治) 현상, ▲경제구조 개혁 정책이 정치논리에 의해 왜곡되고 있는 점 등으로 요약된다.

이같은 점은 우리나라가 제2의 아르헨티나가 될 가능성이 있음을 경고해 주고 있다.

그러나 우리나라의 역사적·사회적·인적 자산은 남미에 비해 상당히 건강하고 장점도 많은 게 사실이다.

한국 경제모델 전문가인 페루 경제학자 로베르토 가마라 박사가

"한국은 세계역사상 최단기간내 빈곤문제를 해결한 나라이며, 한민족은 적응성과 학습능력이 뛰어난 민족"이라면서 "한국 모델은 남미발전 모델의 밑거름이 될 수 있다"고 말하는 것처럼 우리나라는 남미 각국에 비해 많은 점이 다르다.

우선 남미 각국은 백인과 원주민이라는 양대 집단으로 나뉘어 사회통합이 어려운 사회이며, 문맹율이 높고 교육기회의 불평등도 극심하다. 페루나 브라질은 공교육체계가 거의 무너진 나라들이다. 남미 각국의 문맹율이 평균 20~30%에 이르지만, 우리나라의 경우 문맹율이 거의 없는 것은 물론 교육열이 높고 고등교육 이수자의 범위도 선진국 수준이다.

남미 각국 근로자들은 대개 단순노동자들이어서 일자리 창출에 기본적인 제한이 있을 수밖에 없지만 우리나라의 국민성은 근면하고 근로자들의 노동생산성 또한 높은 편이다. 이같은 점은 지식기반 경제로 나가는 세계화시대 경제의 흐름으로 볼 때 우리나라가 가진 훌륭한 장점이라고 할 수 있다.

또한 2000년 1월 이한한 스티븐 보스워스 전 주한 미국대사가 "외환위기 발생 직후 한국 사람들이 보여준 단결심, 위기극복 노력은 세계 어디서도 볼 수 없었던 것"이라면서 "국민들의 단결심은 한국을 재도약시키는 기본동력이 될 것"이라고 평했듯, 위기를 극복하겠다는 국민들의 의지는 남미에서는 상상도 못하는 일이다.

따라서 남미의 경험을 통해 우리 현실을 반성할 필요는 있지만, 우리의 장점마저 외면해 버리는 우를 범해서는 안될 것이다.

남미로부터의 얻은 교훈의 결론은,

첫째, 세계화 시대 신자유주의 경제논리는 거부할 수 없는 흐름이며, 이 물결에 얼마나 잘 적응하느냐에 따라 국가의 미래가 열린다는 점이다. 신자유주의 물결에 능동적으로 대응한 칠레는 경제위기에서 벗어나는 조짐이고, 그 흐름을 제대로 타지 못한 아르헨티나와 페루는 만성적 경제위기에 시달리고 있다.

둘째, 경제구조 조정과 국영기업 및 공기업 민영화는 세계적 흐름이며 투명한 절차를 통해 민영화해서 경쟁력을 높여야 한다는 점이다.

셋째, 사회 각 부문의 집단이기주의를 극복하지 못하면 아르헨티나처럼 위기가 주기적으로 반복되는 나라가 된다. 사회 각 집단의 집단이기주의가 국가경제를 왜곡시키고 사회분열을 가속화시키는 것이다.

아르헨티나 군정 직후 민선 민간정부 시대를 연 민주투사 라울 알폰신 대통령은 사회 정의와 경제성장을 동시에 추구하려 했으나 노동층과 기업가층의 집단 사보타지로 인해 정책을 실천하지도 못한 채 실패한 정권이 되고 말았다. 페루와 칠레의 경우 군부 보수층의 집단이기주의가 사회진보를 가로막고 있다.

넷째, 정당 중심의 정치를 펼쳐야 지도자의 인기영합주의 정치를 막을 수 있고, 정치논리에 경제논리를 종속시키는 폐해도 막을 수 있다.

정치가 지도자의 카리스마와 스타일에 의존하여 정당정치가 무력화될 경우, 아르헨티나나 페루처럼 포퓰리스트 지도자의 선동정치가 반복적으로 출현하면서 정정불안이 가속화될 수 있다. 반면 칠레같은 경우, 남미에서 가장 긴 피노체트 독재를 겪은 후에도 만성적인 정정불안에 휩싸이지 않는 것은 오랜 정당정치의 체험이 있었기 때문이다.

다섯째, 세계화시대 각국의 경쟁력을 판가름하는 요인은 자원의

유무나 국토의 크기가 아니라 현명한 지식인, 능력있는 정부, 유능한 관료, 건강한 시민사회라는 점이다. 정치경제 엘리트, 지식인층이 얼마나 국가 비전을 생각하고 새로운 대안 제시를 하느냐에 따라 국가의 운명이 달라질 수 있다는 것이다.

아르헨티나의 경우 2차대전 직후 선진국 문턱까지 갔음에도 불구하고 지난 40년간 국가 퇴행경험을 하게 된 것은 정치경제 엘리트와 지식인층의 무능 탓이 크다. 페루의 경우도 위기가 빈발하는 것은 정부의 무능력에 기인한다.

반면 능력있는 칠레 정부와 관료는 칠레를 남미병에서 구원했다. 능력있는 관료, 비전있는 정부가 특히 필요하다.

탈냉전 후 전면화한 글로벌 경제시대를 살아가기 위해서는 자유주의 시장경제 시스템을 부인할 수 없다.

하지만 아르헨티나나 페루, 칠레에 나타나는 고용불안정, 실업률 증가, 빈부격차의 문제를 볼 때 정부와 관료의 역할은 어느 때보다도 중요하다. 남미 각정부가 단행한 국영기업의 해외매각이 끊임없이 국부유출 논쟁을 낳는 것은 관료들이 외국기업과 적절한 협상을 통해 적정한 가격에 매각되지 않은 데 일차적 원인이 있다.

칠레 정부의 경우, 핫머니의 유입으로 인한 외환시장의 충격을 줄이기 위해 국제자본의 압박에도 불구하고 초단기 외환거래에 대해 과세를 하는 일종의 토빈세를 적용하고 있다. 칠레 정부의 이같은 조치는 국가가 시장조절을 위해 전략적인 역할을 하고 있는 예로 꼽힌다.

또한 시장 위주의 경제정책을 편다고 해도 정부가 노동자 재교육을 비롯한 적극적인 빈곤층 보호정책을 펴지 않을 경우, 남미의 예에서 볼 수 있듯이 경제가 성장된다고 해도 빈부격차는 커지고 실업률도 늘면서 사회적 갈등이 더욱 커질 수 있다.
 세계은행 수석연구원 출신 컬럼비아대 조셉 스티클리츠 교수가 "국가의 활동적인 역할이 어느 때보다 중요하다"고 갈파한 것도 이 때문이다.

남미가 확 보인다

1판 1쇄 | 2001년 10월 10일
1판 2쇄 | 2005년 6월 5일

지은이 | 이미숙 · 김원호
발행인 | 김학민
발행처 | 학민사

등록번호 | 제10-142호
등록일자 | 1978년 3월 22일

주소 | 서울시 마포구 대흥동 150-1번지 (우편번호 121-809)
전화 | 02-716-2759, 702-3317
팩시밀리 | 02-703-1494~5

홈페이지 | http://www.hakminsa.co.kr
이메일 | hakminsa@hakminsa.co.kr

저자와 출판사의 허락없이 내용의 일부를 인용하거나
발췌하는 것을 금합니다.

ISBN 89-7193-131-0(03950), Printed in Korea

- 잘못 만들어진 책은 구입하신 서점에서 바꿔드립니다.
- 책값은 표지 뒷면에 있습니다.